학교사회복지 마중물 ①

한국 학교사회복지의 장을 개척한 10인의 이야기

학교사회복지
마중물 ①

한국학교사회복지사협회
샘교육복지연구소 기획
박경현 지음

한국 학교사회복지의 장을 개척한 10인의 이야기

학지사

학교사회복지사 선서*

나는 모든 학생이 인간다운 삶을 누릴 수 있도록,
학생의 인간 존엄성과 사회 정의의 신념을 바탕으로
학생, 학생의 가족, 교사를 비롯한 모든 학교 구성원,
지역사회, 전체 사회와 함께한다.

나는 먼저 소외되고 고통받는 학생들의 편에 서서,
저들의 인권과 권익을 지키며,
학교 교육체제와 사회의 편견과 차별, 배제와 불평등을 거부하고,
학생에게 최고의 이익을 최우선으로 앞세운다.

나는 사회복지사 윤리강령을 준수함으로써
도덕성과 책임성을 갖춘 학교사회복지사로 헌신한다.
나는 나의 자유의지에 따라 명예를 걸고
이를 엄숙하게 선서한다.

*사회복지사 선서문을 학교사회복지사에 맞게 수정해 보았다.

오승환(한국사회복지사협회장)

한국의 사회복지제도는 서양의 제도를 도입하면서 제도화되기 시작하였습니다. 근대화 시기 서양의 선교사들을 통해 그리고 일제강점기에 사회복지의 많은 제도가 우리나라에 도입되었지만, 서양에서 실시되고 있는 모든 사업이 당연하게 우리 것으로 제도화되지는 않습니다. 특히 사회복지 서비스와 관련된 제도들이 도입되고 한국적 모습으로 안착되기까지는 많은 선배 사회복지사의 헌신적인 노력이 있었고, 그 노력 덕에 오늘날의 모습으로 발현되고 있습니다.

이 책은 한국에서 학교사회복지가 도입되고 실천되며 제도로 정착되기까지 중요한 역할을 해 주신 선구자들의 이야기를 담고 있습니다. 학교사회복지라는 개념조차 없던 시절, 학교를 중심으로 '어떻게 우리 아이들이 행복한 삶을 누릴 수 있을 것인가.'를 고민했고, 그 고민들을 출발점으로 하여 복지관의 사업, 국가 및 시·도교육청, 공동모금회 시범사업, 더 나아가 국가의 교육복지사업으로 제도화되기까지의 모든 과정에 수고해 주신 10명의 생생한 이야기가 담겨 있습니다. 이 이야기들은 과거의 단순한 추억과 발자취가 아니라 앞으로 계속해서 학교사회복지의 발전에 든든한 토대가 될 것으로 기대합니다.

저 자신도 이 책에 소개된 10명의 선구적 활동을 옆에서 지켜보고, 함께 참여한 증인이라고 할 수 있습니다. 교수로서 교육부 시범사업의 자문위원, 학교사회복지학회장, 학교사회복지사 자격제도위원의 위원장 역할을 했고, 2017년 한국사회복지사협회장으로 선출된 이래 '학교사회복지사'의 국가자격화를 위해 노력하여 마침내 2018년 11월 특정영역 전문사회복지사 자격제도를 도입하는 「사회복지사업법」 개정안을 통과시킬 수 있었습니다. 10명의 선구자로부터 시작한 학교사회복지가 이제 국가자격으로서 '학교사회복지사'라는 명칭을 가지고 활동하는 전문영역의 사회복지로 꽃피게 된 것입니다.

그러나 우리에게는 또 다른 과제들이 남아 있습니다. 코로나19라는 세계적 재앙 앞에 학교현장에서는 여러 가지 문제가 더욱 심화되고, 교육불평등은 더욱 가속화되고 있습니다. 선구자들이 활동해 온 것처럼 학교를 기반으로 모든 아동·청소년이 행복한 삶을 누리며, 교육불평등으로 인한 교육격차가 해소되어 자신들의 잠재력을 실현할 수 있도록 모든 학교사회복지사가 더욱 노력해야 할 시점입니다. 이에 이 책에 기록된 인물들의 생생한 이야기를 통해 학교사회복지사들이 '온고지신(溫故知新)'하고 지혜와 용기를 얻었으면 좋겠습니다.

이 책에 소개된 10명 외에도 많은 분의 노력 속에 학교사회복지가 지난 20년 동안 발전해 왔습니다. 그중에서도 천국에서 동료들을 밝게 응원하고 있을 제2대 학교사회복지사협회장 고(故) 김상곤 교수를 추모합니다. 이런 분들의 노력이 이 땅의 학교사회복지의 밀알이 되었습니다. 오늘의 마중물을 통해 앞으로 전개될 학교사회복지의 무궁한 발전을 기대합니다.

추천사 2

최 웅(전 한국학교사회복지사협회장)

한국 학교사회복지, 교육복지의 현재는 수없이 많은 분의 참여와 헌신으로 이루어진 결과입니다. 학교사회복지 시범사업이 시작된 지 25년이 지난 지금 학교사회복지의 역사를 되짚어 보는 것은 학교사회복지사는 물론 교육복지가 중요한 이슈로 다뤄지고 있는 교육계에도 매우 중요하다고 봅니다.

『학교사회복지 마중물』은 한국 학교사회복지의 장을 개척한 선구자 중 10명의 이야기를 담은 책입니다. 선구자 10명의 증언을 통해 학교사회복지라는 이름조차 생소하던 시절에 학교사회복지가 어떻게 조금씩 모습을 이루어 가고, 현장을 만들고, 전문성을 개발하고, 서로 연대하고 협력하며 제도로 발전시키기 위해 노력해 왔는지를 확인할 수 있습니다. 특히 현장에서 학교사회복지 실천가로 일했던 저는 새삼 우리 학교사회복지사들이 어떤 꿈을 갖고 학교에 들어갔는지, 어떤 정체성과 전문성을 가지고 실천해야 학생과 가족, 교사 및 관계자들에게 인정을 받을지 늘 고심하고 노력했던 것이 기억났습니다. 학교사회복지사로 첫발을 내딛던 때 쿵쿵 두근거리던 가슴으로 교문을 들어서던 나를 만날 수 있었습니다. 아마 여러분도 그러할 것입니다.

이 책에서는 학교사회복지에 얽힌 개인적인 경험만 다룬 것이 아닙니다. 학교사회복지사의 고유한 전문성, 실천경험, 슈퍼비전, 아동권익 옹호, 학교사회복지 제도화 및 발전전략까지 폭넓게 다루고 있습니다. 제가 회장으로 섬기고 있는 한국학교사회복지사협회 회원 모두가 읽고 성찰할 부분이 많았습니다. 그러나 딱딱한 이론서처럼 설명하지도 않고, 연수에서 강의하는 강사처럼 말하지도 않습니다. 지식과 경험이 풍부한 선배가 내 옆에 나란히 앉아 "이건 이래서 이랬어……. 그땐 그렇게 했지……."라고 회고하며 말해 주는 것 같아 상황이 그려지며 쉽게 이해되었습니다.

인디언은 말을 타고 달리다가 가끔씩 말을 세우고 뒤를 돌아보는 습관이 있다고 하지요. 빨리 달려오느라 미처 도착하지 못했을지 모르는 내 영혼을 기다리기 위해서라고 합니다. 한국 학교사회복지 역사 속에서 우리는 짧은 기간 동안 수많은 격동의 시간을 달려왔습니다. 숨 가쁜 일상을 잠시 멈추고 우리가 이루고자 했던 학교사회복지의 가치와 의미를 생각하면서 내가, 우리가 어디로 가고 있는지 꼭 확인해 보는 계기가 되기를 바랍니다.

 과거에 그랬듯이 지금 이 순간에도 학교사회복지 역사는 알게 모르게 많은 사람에 의해 새롭게 쓰여 가고 있습니다. 이제 또 다른 마중물들이 한국 학교사회복지의 새로운 역사를 만들어 가야 할 것입니다. 학교사회복지사협회를 창립한 초대 회장 윤철수 교수가 이야기한 '학교사회복지사다움'을 잃지 않으며, 모든 아동ㆍ청소년이 행복한 세상을 만드는 데 학교사회복지를 실천하는 모든 동료가 함께 내일의 역사를 만들어 가면 좋겠습니다. 마지막으로, 한국 학교사회복지의 마중물이 되어 주신 10명의 선배님의 이야기를 정리하여 공유해 주신 박경현 소장님의 수고와 헌신에 진심으로 감사드립니다. 학교사회복지에 대한 각자의 해석이 다르고, 때로는 교육복지라는 이름으로 학교사회복지가 대치되기도 하는 상황에서 이 책을 학교사회복지사뿐 아니라 사회복지계와 교육계 관계자들은 물론 학교사회복지가 궁금한 모든 분께 추천하고 싶습니다.

책머리에

지난 2017년 5월, 한국학교사회복지학회 20주년 기념행사에 참석했다.

20년에 걸친 학교사회복지 역사를 회고하는 발제를 들으니 새삼 초창기의 일들이 내가 겪은 일들과 어우러져서 가슴을 울렸다. 현장을 경험한 사람들의 증언에는 온도와 습기가 있었다. 뜨거운 열정, 눈물과 땀, 특히 교육복지우선지원사업 이전의 시범사업들은 자율적 헌신과 도전으로 꿈틀거림이 가득했다. '이분들이 바로 학교사회복지의 마중물이구나!' 하는 생각이 들었다.

그날의 말들은 공기 중에 흩어져 버렸고 자료집은 이제 어디에 두었는지도 모른다. 나는 기억이 더 퇴색하기 전에 그날 발표되었던 모두의 경험과 기억, 자료집에 적히지 않은 현장의 경험들을 기록으로 남기고 싶어졌다. 학교사회복지론 교재들에 '몇 년도,

무슨 무슨 시범사업'이라고 한 줄로 간단히 남는 일이 사실은 수
년간의 시도와 노력, 좌절과 재시도 그리고 신비한 연결들로 이루
어진 일이라는 것을 사람들은 알까? 건조하게 쓰인 역사의 행간
에서 사람들은 전국의 학교사회복지사들과 슈퍼바이저인 교수들
이 얼마나 울고 웃으며 노력했는지 상상이나 할 수 있을까? 그런
역사는 어떻게 기억되어야 할까? 그런 생각을 하며 이 책을 기획
하게 되었다.

초기에 마중물의 역할을 한 사람들을 생각해 보니 몇몇 얼굴이
떠올랐다. 학교사회복지학회 교수님들과 초기 학교사회복지사협
회 회원들을 중심으로 몇 분을 인터뷰하여 기록할지 학교사회복
지사협회 및 학회 관계자 분들에게 여쭙고 의논하여 결정했다. 이
과정에 나의 가장 신뢰하는 동지인 황혜신 샘교육복지연구소 연
구원(전 한국학교사회복지사협회 사무국장, 현 관악들꽃청소년자립지원
관장)이 친밀한 의논 상대가 되어 주었다. 그리하여 학교사회복지
에 힘써 주신 교수님 여덟 분과 현장 실천가인 학교사회복지사로
최초의 학교 상주형 학교사회복지 실천가 한 분 그리고 복지관을
거점으로 학교사회복지 실천활동을 했던 사회복지사 한 분을 만
났다.

인터뷰는 미리 학교사회복지와 관련된 질문을 뽑아서 알려 드
린 후, 직접 만나서 대화를 나누고 받아 적은 것을 다시 본인들의

검토를 거쳐서 수정·보완했다. 인터뷰에 응해 주시고 책으로 남길 수 있게 허락해 주신 분들에게 깊이 감사드린다. 하나같이 반가이 맞아 주시고, 기억을 되살려 말씀해 주시고, 꼭 필요한 일이니 잘 마무리하라고 격려해 주셨다. 차와 밥을 사 주시고, 교통비로 쓰라며 금일봉을 주신 분도 있었다. 많은 분이 작고한 김상곤 제2대 한국학교사회복지사협회 회장의 열정을 회고하며 그리워했다. 성민선 교수님은 1997년 당시의 학교사회복지학회 소식지를 찾아내서 자료로 제공해 주셨다. 거기에 초기 연구자들과 현장 학교사회복지사들의 이름과 활동 모습이 기록으로 남아 있어 반갑다. 2000년 무렵만 하더라도 디지털카메라가 상용화되기 전이어서 사진 자료는 구하기가 힘들었다.

만나 뵙고 이야기를 듣고 싶은 분들이 많은데 다 모시지 못해서 죄송한 마음이 크다. 또한 현장 실천가인 학교사회복지사들의 이야기를 싣고자 몇몇 분과의 인터뷰를 시도했으나 긴 노력 끝에 인터뷰라는 방식이 실무자들의 현장 활동을 기록하기에는 부적절하다는 것을 깨달았다. 실무자들은 적게는 너덧 명에서 많게는 수십 명까지 팀이 되어 사업에 참여했기에 인터뷰 대상자를 선정하기도 어려웠고, 같은 사업이라도 학교 여건에 따라 각자의 경험과 생각이 달라서 결을 맞추기도 어려웠다. 그 부분은 나중에 자료를 수집하여 사업 중심으로 정리한 뒤 인터뷰를 일부 덧붙여서 『학교사회복지 마중물 2』로 기록하려 한다.

어쩌면 이 책을 고리타분한 어른들의 이야기나 소설 같은 옛날 이야기 책이라 생각할지 모르겠다. 소수의 인물들만 인터뷰한 것이어서 편파적이라고 보는 이도 있을 것이다. 그러나 인터뷰를 하면서, 그리고 원고를 쓰고 다듬고 다시 읽고 또 수정하는 과정에서 거듭 학교사회복지에 대해 더 깊이 성찰하게 되었고, 초창기 수고한 많은 '마중물'에게 감사하는 마음이 커졌다.

나에게 그랬듯 이 책이 우리 모두에게 학교사회사업의 지경을 개척해 나간 사람들의 희망과 용기를 되살려 보여 주기를 소망한다. 오래된 우물에서 차고 맑은 샘물을 끌어올리는 마중물처럼.

2022년을 맞이하며

박경현

차례

이

전재일

대구대학교 명예교수

전 한국학교사회복지학회장

전 한국사회복지학회장

학교사회복지와의
첫 만남은
어떻게 이루어졌습니까?

　나는 대구대학교 1965학번으로 사회복지학과를 다녔다. 그러면서 그때 미국 메노나이트 선교회 출신인 앤드류라는 사회사업가social case worker의 지도하에 사회사업 실습을 했다. 그 당시에도 청소년 쪽에 관심은 있었지만 당시엔 학교사회복지에 대해서는 몰랐다. 졸업 후에는 경북대학교에서 상담심리로 석사를 했다. 대학원 졸업 후에 다시 사회복지로 박사 공부를 하고 싶은데 당시엔 대구대학교에 사회복지학 박사과정이 개설되어 있지 않았다. 그래서 1975년에 교육부에 신청 사유서를 내서 박사과정을 개설해 달라고 해서 승인을 받아 1976년에 개설하였다. 그때 서울대학교에도 박사과정이 없어서 장인협(현 서울대 명예교수), 남세진(전 서울대 교수)이 나와 같이 서울대학교 사회복지학 박사과정 개설 신청서를 냈고 나는 1977년에 입학해서 박사과정을 마쳤다. 당시엔 공부하는 환경도 열악하고 자료도 구입하기가 힘들었다.

비행기보다 운송비가 싼 배편으로 책을 받아 보려면 미국에 송장을 써서 보내고 받기까지 3개월이 걸려, 책상에서 인터넷으로 세계의 학술자료를 빠르게 접근할 수 있는 지금에 비하면 불편이 이만저만이 아니었다.

1997년 교육부 주관 학교사회복지 연구사업

내가 처음 학교사회복지에 관여한 것은 1997년 안병영 장관 시절 교육부가 전국 4개교에서 학교사회사업 연구사업을 할 때였다. 그때 대구의 제일여상이 선정되었다. 내가 지도교수로 위촉되었고 당시 박사과정이던 이성희(현 울산대 교수)가 슈퍼바이저로 지원하고 대구가톨릭대학교 사회복지학과 졸업생으로 대구대학교에서 석사과정 중이던 이순영을 학교사회복지사로 학교에 배치하였다. 그땐 일반인이나 교사들이 사회복지에 대해 너무나 모를 때였고 학교에 사회복지사가 들어온다니 더더욱 경계하는 모습을 보였다. 회의 때마다 부장교사들은 '당신들이 학교에 대해 무얼 아느냐?'라며 드러내 놓고 거부감을 보여서 무척 힘들었는데 다행히도 교장이 긍정적으로 지원해 주어서 연구사업을 잘 마무리할 수 있었다.

교장이 학교사회복지를 긍정적으로 보게 된 계기는 이러했다. 학교가 맨 처음 학교사회복지사에게 준 과제는 교사도 손을 쓰지 못하고 있던 장기무단결석자 7명(행방도 모르고 연락처도 없는)을 해결해 달라는 것이었다. 앞이 막막했다. 그러나 복지사가 애를 써서 그 학생들 중 5명을 어찌어찌 만났고 결국 1년 후에 5명 전원이 복교하게 되었다. 이 과정을 본 교장이 이 사람들은 교사와 다르다는 걸 알게 되어 용기를 갖고 적극 지원하게 된 것이다. 그때 학교가 사회복지사에게 요청하는 이슈는 거의 학생들의 일탈 행동, 생활지도 문제들이었다. 매주 부장교사들과 복지사, 자문교수가 회의를 하면서 문제를 설명 듣고 어떻게 지도할지를 상의했다.

그때 일 가운데 지금도 잊을 수 없는 것이 있다. 어느 날 회의를 하러 학교교문을 들어서는 데 학생들이 지각했다는 이유로 교실에 들어가지 못하고 교문 입구에서 줄지어 체벌을 받고 있었다. 나는 그걸 보고 회의에 들어가서 바로 문제 제기를 했다. "학생들 중에는 야간 아르바이트를 하고 새벽에 잠깐 귀가해서 옷 갈아입고 등교하는 학생도 있고 가정 사정이 있어서 늦을 수도 있는데 들어 보지도 않고 벌을 주는 것은 부당하다. 이는 학생들의 학습권 침해이다. 명단을 따로 적어서 다른 벌을 주든지 해야 한다." 라고 건의하였다. 그러자 교장이 그렇게 하겠다고 약속을 한 이후 바로 시정이 되었다. 이 외에도 학교를 드나들면서 학생들의 학교생활을 들여다보니 너무 문제가 많았다. 그래서 정말 사회복지가 필요하구나 생각하게 되었다.

학교사회복지학회 및 학교사회사업 실천가협회의 출범

교육부의 연구사업이 촉발되어 1997년에 학교사회복지학회가 창립되었고, 이후 현장이 늘어나면서 점점 학교사회복지에 대한 관심이 증가했다. 그때는 내가 1996~1997년 한국사회복지학회 회장 임기를 마친 후라 시간 여유가 생겨서 학교사회복지를 맘껏 지원할 수 있었다. 2~3년 후에 학교사회사업실천가협회(학교사회복지사협회의 전신)가 생겼는데 어려운 환경 속에서 협회가 일하는 것을 보고 나름 많이 놀라고 감명을 받았다. 아무 기반도 없이, 지원하고 지지해 주는 환경도 조성되어 있지 않은 열악한 여건 속에서 협회가 발족해서 여러 가지 활동을 추진하는 것을 보면서 이건 도와야 할 일이라고 생각했다. 교육부 연구학교 사업을 하는 동안 학교생활을 들여다보고 교사와 학교환경이 변화되지 않고서는 우리나라 청소년들의 미래를 기대하기 어렵다고 생각하게 되어 점점 더 학교사회복지에 열심을 갖고 관여하게 되었다.

이후 학교사회복지와 관련하여 어떤 일들을 하셨습니까?

2004년 교육부의 사회복지사 파견사업

연구학교 사업을 추진했던 안병영 교육부장관이 2004년에 다시 교육부총리(교육부장관)로 재임용되었을 때 전국 48개교에서 사회복지사 파견사업(학교폭력예방 및 교육복지증진을 위한 사회복지사 활용 연구학교)을 시작했다. 나중에 96개교가 되었고 이를 통해 전국적으로 사회복지를 공부하는 사람이나 가르치는 사람 모두 학교사회복지에 큰 관심을 갖게 하는 계기가 되었다고 생각한다.

이때 나는 경상북도교육청의 사회복지사 파견사업을 위한 '연구학교 운영협의회' 위원으로 활동을 했는데 여전히 장학사, 교장들이 매우 부정적인 태도를 보였다. 사회복지사가 왜 학교에 들어오느냐, 당신들이 교육에 대해 뭘 아느냐, 학교에 들어오려면 교사 자격증을 가지고 들어오라고 했다. 나는 이렇게 대답했다. "나는 당신들과 생각이 전혀 다르다. 우리는 사회복지사로 활동해야

66

거듭 말하지만, 우리 학교사회복지사들 정말 수고 많은데,
파이팅할 수 있는 것은 '이게 내가 할 일이다! 학생들이 교육
을 잘 받고 사회에 나가도록 환경을 조성하는 데 도움을 주는
것이다.'라는 확고한 신념을 가지고 일하기 때문이다.

99

지, 교사 자격으로 들어가면 안 된다. 그럼 교사가 하면 되지 굳이 왜 사회복지사가 필요하겠나." 이전에 사서나 간호사도 학교 교사 조직에 적응하려다 어려움이 많고 교사들에게 배척받는다고 여겨서 교사 자격을 취득했던 것이지만 우리는 그래선 안 된다고 생각했다. 교사, 관리자들과 만나면서 사회복지사들이 학교에 들어가서 활동하려면 교장, 교사의 인식을 바꾸는 게 첫 번째 과제라고 생각하게 되었다. 그렇지 않으면 발전도 없고 학교사회복지사로 살아남을 수도 없다고 생각했다.

대구사회복지공동모금회 시범사업

비슷한 시기에 대구사회복지공동모금회 지원으로 학교사회복지 시범사업을 했다. 이전에 중앙 사회복지공동모금회에서 서울, 대전, 부산 등 기획사업을 한 걸 보고 우리 대구에서도 시범사업을 통해 학교사회복지에 대한 교사들의 인식과 태도를 변화시켜야 한다는 신념을 가지고 건의했는데 대구모금회가 승인을 해 주어서 2006년 3월부터 2009년 2월까지 대구사회복지공동모금회 지원 테마기획 학교사회복지사업 전문위원회 위원장을 맡아 1년에 1억 원씩 3년간 3억 원을 지원받아 명덕초등학교, 상원중학교, 대구동부고등학교 등 3개교를 선정하여 기획사업을 실시하였다. 실무자로 일할 학교사회복지사 채용 공고를 냈더니 무려 30여 명이 지원을 했다. 그들 중에 이미정, 임성윤, 정미향이 뽑혔다. 나는 매달 각 학교를 방문해서 슈퍼비전 회의를 했다. 교장, 담당 부장교사, 학교사회복지사들과 함께 둘러앉아서 우리가 무얼 변화시켜야 할지 의논하고 하나하나 점진적으로 바꿔 나가는 데 정성을 많이 들였다. 실무 전반을 관리·운영하고 지원한 이선자 간사(현 한국사이버대 청소년복지상담학과 교수)의 열성으로 성공적인 사업의 결실을 맺게 되었다. 당시 교장들은 다 적극적이었다. 이때 사회복지사들은 모두 얼마나 일을 잘했는지 모른다. 학교사회복지 일도 잘할 뿐 아니라 연말에 공동으로 사업보고회를 하면 모든 학교에서 교장, 교감, 교사들을 초청하고 학교사회복지사들이 제작한 활동 영상을 활용하여 보고함으로써 교사들의 인식 개선에 커다란 변화를 가져왔다. 3년간의 기획사업으로 한 해 한 해 분위기가 달라지는 것을 볼 수 있었다. 그런 일들이 교육부의 사회복지사파견사업과 맞물리면서 대구 지역에 학교사회복지에 대한 토대를 마련할 수 있었다.

학교사회복지 제도화추진위원회

또 잊을 수 없는 것은 학교사회복지 제도화 측면에서 기여할 수 있었던 것이다.

2003~2004년 내가 한국학교사회복지학회 학회장 임기를 마

치면서 이것 가지고는 안 되겠다, 뭔가 학교사회복지를 제도적으로 만들어야 안정적으로 발전할 수 있겠다 싶어서 제도화에 힘을 써야겠다고 생각했다. 내가 이전에 한국사회복지학회장도 하고 한국학교사회복지학회장도 했고 전국의 여러 복지관을 다니며 자문위원도 해 보고 그래서 아는 사람도 많았기에 학회 할 때 다른 교수들에게 제도화에 대한 관심을 환기시켰다. "교수가 학생지도만 하면 다 되느냐, 그걸 왜 하느냐, 아무리 훌륭한 제자를 양성해도 현장이 없으면 아무 소용없지 않느냐, 실천의 장을 만들 책임이 우리에게 있다." 이렇게 설득했다. 전국의 사회복지전담공무원이 1만 명인데 학교사회복지사도 한 학교에 한 명씩 배치하면 얼마나 좋겠는가 싶었다. 어떨 땐 학생들이랑 다같이 교육부 홈페이지가 다운되게 해서라도 교육부가 관심 갖게 요청을 해야하지 않나 생각하기까지 했다. 물론 실천으로 옮기지는 못했지만 단체행동이 필요하다고 생각했다. 그때만 해도 내가 젊었는지 열정이 있었던 것 같다.

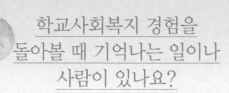

학교사회복지 경험을 돌아볼 때 기억나는 일이나 사람이 있나요?

초창기 학교 정착의 어려움

당시 학교는 학생들이 예전과 달라져서 학생 생활지도에 애를 먹고 있었다. 어느 고등학교에서는 학생들이 수업하다가 가방 메고 집에 가 버리고 그랬는데 그러다 교감에게 잡히면 말리는 교감을 휴대전화로 사진 찍어서 학생 인권침해라고 경찰을 부르고 그런 일이 있었다. 그런 환경 속에서 교육은 자꾸 힘을 잃거나 왜곡되는 상황이 벌어졌다. 교사가 학생들을 지도하는 방법이 학생의 학습권을 침해하는 결과를 야기하는 경우도 발생했다. 그래서 사회복지사와 교장을 찾아가서 건의를 해서 교장에게 조치하겠다는 약속을 받아 내기도 했다. 이런 상황이니 '학교사회복지사는 평소에 얼마나 학교에서 일하기가 힘들었을까, 내가 옆에서 보고 지원하기도 힘든데.' 싶었다. 학교에 학교사회복지실 공간 만드는 것부터 첩첩산중이었다.

우리 초창기 학교사회복지사들은 학교에서 너무너무 고생을 많이 하고 애를 많이 썼다. 그래도 그 어려운 여건에서 안 굽히고 중간에 포기하지 않고 계약기간 동안 버텨 낸 것을 보면 참 장하고 자랑스럽고 기특하다. 만약 이들이 사회복지사가 아니라면 참고 극복하지 못했을 것이다. 사회복지사이기 때문에 그 어려움 속에서도 기간을 다 채우고 임무를 수행할 수 있지 않았나 생각한다. 그 후에 언젠가 학교사회복지사협회가 주관하는 교육을 마치고 50명이 나와서 단체사진을 찍는데 정말 감개무량했다. '아, 보람이 있구나! 그 어려운 환경에서도 학교사회복지에 관심을 갖고 이렇게 많은 사람이 일하고 있구나, 내가 바삐 쫓아다닌 보람이 있구나.'라고 생각했다.

제도화를 위해 함께해 준 사람들

학교사회복지사협회에서 함께한 자문위원, 제도화추진위원들도 다 열성을 가지고 일해서 참 고맙다. 이태수, 성민선, 홍순혜 교수, 전 학교사회복지사협회 회장인 김상곤, 윤철수, 박경현…… 이런 사람들이 참 열심히 했다. 그때 황혜신 학교사회복지사협회 사무국장이 제도화추진위원회 간사를 했는데 그도 참 열심히 했다. 그러나 한국학교사회복지학회, 한국학교사회복지사협회 둘만으로는 힘이 약했다. 그래서 한국사회복지학회, 한국사회복지사협회를 끌어들이자 생각했다. 그때 한국사회복지사협회 장이 김성이 교수, 다음이 내 제자인 조성철 회장이었다. 그래서 이들로부터도 지원을 받을 수 있었다. 그뿐 아니라 정치적으로도 좀 움직이자고 제안했다. 당시 무슨 선거가 있었는데 5개 정당 소속 국회의원들을 국회 소강당에 초청해서 학교사회복지 제도화 방안에 대한 공청회를 개최하여 학교사회복지를 정당 정책으로 반영하도록 권고하였다.

그것으로도 부족해서 2004년에는 안병영 교육부총리를 교수들과 함께 찾아갔다. 성민선, 홍순혜, 김상곤, 그리고 나, 이렇게 넷이 교육부에 들어갔다. 나중에 복지부장관을 지낸 차흥봉 교수가 뒤에서 지지를 해 줬다. 안병영 부총리는 이쪽에 관심이 많았다. 그러나 공무원들과 교육조직을 움직이는 것이 어렵다고 말했다. 그를 만나고 나서 며칠 후에 김근태 복지부장관도 찾아갔다. 그는 은근히 우리들이 더 강하게 뭉쳐서 행동으로 보여 주어야 한다는 메시지를 주어서 나도 속으로 '그래, 맞다!' 생각했지만, 한편으로는 우리나라가 어쩌다 이렇게 단체행동을 해야만 국민의 요청을 들어주게 되었나 싶어 씁쓸했다. 대구에서도 교육감 선거할 때 학교사회복지사들 7~8명과 함께 교육감 후보자를 만나러 캠프로 찾아가기도 했다. 모든 학교에 사회복지사를 배치하겠노라고 약속을 받아 냈는데 그이가 나중에 대구 교육감이 되어서 위

2004년 김근태 보건복지부장관 면담. 사진 왼쪽부터 윤찬영(전주대 교수), 성민선
(가톨릭대 교수), 김근태 장관, 전재일(대구대 교수), 홍순혜(서울여대 교수), 김상
곤(제2대 학교사회복지사협회장, 작고)

클래스 상담사와 교육복지사업으로 일하는 사회복지사들을 통합
해 버렸다.

아무튼 이런 일들로 대구에서 서울까지 많이 오르내렸다. 왜
그렇게 열심히 했는지 나도 모르겠지만 정말 부지런히 했다. 사
실은 그전에 사회복지 전담공무원제도 일반직화를 추진할 때에도
열정을 쏟아부었다. 1987년부터인가 한 10년 동안 쫓아다녔더니
10년 만에 일반직화가 이루어졌다. 그런 경험에서 학교사회복지

도 제도화가 반드시 이루어져야 한다고 생각하고 열심히 한다고
했는데 만족스러운 결실을 보지 못한 채 2010년 8월에 정년퇴임
을 하게 되어 아쉽다. 하지만 세월이 흘러도 열심히 하다 보면 이
루어지리라 확신한다.

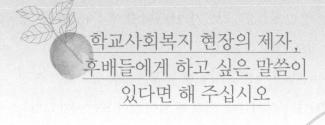

학교사회복지 현장의 제자,
후배들에게 하고 싶은 말씀이
있다면 해 주십시오

요즘 학교사회복지 실천 현장은 거의 교육복지우선지원사업인
데 교육복지 쪽 동향을 보면 2004~2010년 모습에 비해 열정이
식은 것 같아 아쉽다. 이전에는 몇 명 안 되어도 자주 모이고 같이
공부도 하고 밥도 먹고 야외로 소풍도 가고 그랬는데 요즘은 잘
안 모인다. 그 시절 그 열정으로 조상임 선생이 한국학교사회복지
사협회 대구지회도 만들 정도로 뜨거웠다.

아직 안정적인 지위에서 일할 확고한 기반은 마련되지 않았지
만 결국 이 일은 사회복지사가 할 일이고, 내가 제공한 서비스의
대상인 학생의 입장, 그들이 교육받는 학교환경을 생각하면서 각
자 처한 여건 속에서 역할과 의미를 찾고 보람을 찾아가야 한다.
청소년이 잘 자라서 당당하고 훌륭한 사회 성원이 되도록 지원할
수 있다면 그보다 큰 보람이 어디 있겠나. 그런 미래에 대한 긍정
적 믿음을 가지고 사회복지사로서 희망을 잃지 않아야 한다. 그렇

게 할 때 내 일에 열정적으로, 사명을 완수할 에너지를 스스로 창출할 수 있으리라고 확신한다.

사람이 살면서 어떤 일을 할 때 늘 좋은 일만 있고 밝고 큰 성과만 나타나는 건 아니다. 어떤 땐 힘이 많이 드는 시기도 있고 일을 한 만큼 빛이 나타나지 않기도 해 좌절과 실망을 느낄 때도 있지만, 그런 걸 참고 꾸준히 노력한다면 기대 이상의 소득과 결실을 가져오고 보람을 느낄 수 있는 기회가 열린다. 내가 하는 일이 참 소중하고, 다른 어느 일 못지않게 가치 있고 보람된 일이라는 자부심을 가지는 것이 스스로 열심히 뛰어들게 하는 동기부여가 될 것이고, 그러다 보면 교육환경도 바뀌고 사회도 더 좋아질 것이다.

거듭 말하지만, 우리 학교사회복지사들 정말 수고 많은데, 파이팅할 수 있는 것은 '이게 내가 할 일이다! 학생들이 교육을 잘 받고 사회에 나가도록 환경을 조성하는 데 도움을 주는 것이다.'라는 확고한 신념을 가지고 일하기 때문이다. 앞으로 교육환경에 어떤 변화가 일어날지 모른다. 힘든 일이 일어날 수도 있지만 예기치 않게 좋은 여건 변화가 올 수도 있다. 아무도 모를 일이다. 그런데 어쨌든 우리가 바라는 쪽으로 학교사회복지와 학생의 복지를 발전시켜 가기 위해서는 각자가 열심히 해야 한다. 노력 없이 기대만 해서는 그런 변화를 가져올 수 없다.

지금도 한국학교사회복지학회, 한국학교사회복지사협회에 소속해서 교육계의 청소년 문제에 관심 갖고 일하는 사람들이 참 수고가 많은 것 같다. 그들이 참 훌륭하다고 생각하며 존경과 응원을 보낸다.

02
김선희

강남대학교 명예교수

학교사회복지와의
첫 만남이 궁금합니다

1970년도에 처음으로 학교사회복지 실습을 하다

우리나라에서 최초의 학교사회복지는 민간 외원기관(外援機關; 한국전쟁 후 한국의 교육 및 의료, 복지사업 등을 원조해 준 외국기관)인 캐나다 유니테리언봉사회Unitarian Service Committee of Canada: USC 한국지회에 의해 시작되었다고 볼 수 있다. USC는 1969년 마포종합사회복지관을 개관하면서 지역사회 조사를 하고 그 결과를 바탕으로 학교사회복지서비스를 실시했다. 1969년 3월 마포복지관 사회복지사들이 인근의 신석초등학교를 방문해서 학교생활에 부적응하는 학생들을 돕기 위해 교사들이 추천한 32명의 학생들을 면담하고 그중 30명에게 상담과 더불어 경제적 지원을 제공한 것이 기록상 최초의 학교사회복지로 나타난다.

나는 1970년, 대학원 3학기 때 마포복지관에서 실습을 하면서 지역사회조사를 주도하신 전봉윤 슈퍼바이저(서울대 사회복지학과

1회 졸업, 장애인복지계의 큰 어르신으로 삼육장애인복지관, 서울장애인 종합복지관장 역임)로부터 한 건의 사례를 의뢰받게 되어 학교사회 복지를 직접 실천하고 체험하게 되었다. 이 학생은 초등학교 3학 년 남학생으로 외모는 얌전하게 생기고, 별다른 특징이 없는 평범 한 모습이었다. 의뢰 경위는 학교생활 부적응 외에 가출, 도벽 등 의 문제가 있다고 되어 있었다. 두 번의 상담 후에도 무단결석, 도 벽은 계속됐고 좀처럼 변화가 없고 내 말을 듣지도 않았다. 미리 계획한 대로 가정방문을 해 보니 경제적으로 중산층 가정인데 부 모가 아이의 문제행동을 인정하지 않을 뿐 아니라 개입 자체를 못 마땅해하며 방문의 목적과 학교사회복지 서비스의 취지를 이해하 지 않아서 더 힘들었다. 사례 진행이 뜻대로 안 되다 보니 슈퍼비 전을 받으면서 속상해 울기까지 했다. 전봉윤 슈퍼바이저가 마을 약국에서 장학금을 이끌어 내는 등 지역사회 자원 동원과 연계의 모범도 실제로 보여 주시면서 친절하게 가르쳐 주신 덕에 지역사 회실천에 대해서도 많이 배웠다.

이때 기억나는 에피소드는 마포복지관에서 실습을 마치면서 1970년 여름방학 중 만리포에서 소위 지역사회의 불량청소년인 중·고교생 대상의 캠프에 자원봉사자로 참여한 것이다. 그때 내 역할이 뭔지도 잘 모르면서 실습생은 꼭 가야 한다고 해서 그냥 따라갔다. 이때 전봉윤 슈퍼바이저의 동기 및 후배인 김상균, 조

학교사회복지 마중물

휘일, 최일섭 선생도 같이 캠프에 참여했는데 조휘일 선생과는 안면이 있던 차에 서로 더 가까워져 결국 결혼까지 가게 되었으니 학교사회복지 실습이 우리 부부가 인연을 맺는 데까지 한몫한 셈이다.

학교사회복지로 석사학위 논문(1971년)을 쓰다

나는 이 경험을 바탕으로 「우리나라 학교사회복지의 현황과 업무활동에 관한 분석연구」(1971)라는 논문을 석사학위 논문으로 발표했다. 당시엔 비교 분석할 만한 사전 연구도 거의 없었고 학교사회복지라는 게 있다는 정도만 사회복지학 개론에서 짧게 언급될 뿐 자세하게 소개되지도 않던 시절이었다. 그래서 학교사회복지 관련해서 외국의 사례를 조사해서 소개한 뒤, 우리 현황은 어떤지, 우리 실정에 맞추어서 학교에서 어떤 업무를 해야 할지 등을 내 경험을 바탕으로 서술했다. 자료수집을 위해 예전에 실습을 했던 마포복지관 외에도 학교 내 사회복지 실천현장을 찾아보았는데, 그중에서 중앙여고를 방문했고 당시 이화여대 사회사업학과를 졸업한 분이 이 학교 상담실에서 학생 상담사로 일하고 있었기 때문이다. 당시는 몇몇 사립학교들이 사회사업학과 졸업생을 상담사로 채용하는 경우가 종종 있었다.

나의 석사 논문이 나온 후에 학교사회복지에 관한 연구가 많이 나왔다. 바로 이어서 박용현은 「실습을 통해 본 한국의 학교사회복지에 대한 소고」(1972)를 발표했고 이어서 조경미(1972), 최영욱(1975), 표갑수(1974), 오창순(1981), 최인욱(1985) 등에 의해 학교사회복지에 대한 초기 연구가 1980년대 중반까지 계속되었다. 이런 연구들은 국내에서 학교사회복지에 대한 학문적 기초가 마련되기 시작했다는 점에서 의미가 크다. 그 후에도 여러 명의 후배들(오창순, 허남순, 한인영 등)이 학교사회복지에 관련된 연구를 계속하였다.

학교사회복지 사랑 영원히!

대학원을 졸업한 후에는 실습 조교로 일하면서 강의도 하고 실습기관 방문, 학부생 슈퍼비전 등을 담당했다. 1974년에 도시형 시범 사회복지관으로 건립된 영등포종합사회복지관이 실습생들에게 학교사회복지 실습을 지도하였다. 그 당시 김종석 사회사업가(K대 사회사업학과 19회 졸업)는 기관의 슈퍼바이저였고 나는 대학의 현장실습 슈퍼바이저로 만났다. 영등포종합사회복지관의 사회복지사들은 지역사회 기반의 보다 적극적인 학교사회사업 프로그램을 실시했다. 기관의 사회복지사들이 학교에 가지 않고 낮에 동네 놀이터나 뒷산에서 방황하는 아이들을 찾아 다가가 말을 걸었다. 당시에는 무단결석한 학생들이 으슥한 곳이나 빈집에 모여서 본드를 흡입하는 행동을 유행처럼 했는데, 건강도 염려되었고 몽롱한 정신상태에서 비행을 저지르거나 위험에 빠지지 않게 할 필요가 있었다. 복지사들은 아이들을 복지관으로 초대해서 대화하면서 동시에 보호자(어머니)들, 교사들과 소통하며 아이들이 다시 학교에 돌아갈 수 있도록 도왔다. 당시 영등포 지역이 낙후된 지역이라 가정의 보호를 받지 못하는 아이들이 많았고, 복지관에서는 이 아동들(초등학교 4, 5학년 학생들)을 대상으로 올바른 품성 및 행동, 학교생활 적응을 위한 케이스워크, 그룹워크를 주로 하였다. USC의 다른 복지관들도 부적응학생이나 거리의 불량청소년들을 위한 아동복지 혹은 청소년복지 사업을 실시했다.

젊은 날의 학교사회복지 실습 및 자원봉사, 그리고 슈퍼비전의 경험과 석사논문의 주제가 학교사회복지 실천이다 보니 청소년 분야가 나의 전공 분야인 것 같았다. 학생들을 가르치는 교직에 있으면서 박사논문은 노인부양에 관해 썼지만, 학교사회복지에 대한 관심과 애정, 제도화에 대한 열망은 한 번도 내 마음에서 떠난 적이 없다. 나는 늘 청소년들이 좋았고, 나 자신의 청소년기 경험에 비춰 그들을 잘 이해할 것 같았고, 청소년기의 실수는 결과가 아니라 과정이라는 믿음으로 학생들을 돕고 싶어 꼭 학교사회복지사가 되고 싶었다. 청소년기의 실수나 일탈로 어려움을 겪는 아이들이 늘 안쓰럽고 잘 도와줄 수 있을 것 같은 자신감을 갖고 있었다.

학교사회복지 관련해서
하신 일과 기억나는 사람을
소개해 주십시오

용인시에서 학교사회복지사업을 시작하다

나는 2002년부터 교육부, 복지부의 수원시 학교사회복지 연구
시범사업을 자문하고 있었다. 그러나 내 근무지가 있는 용인시는
학교를 중심으로 한 복지서비스가 하나도 없었다. 이 당시 용인시
는 구도시 지역인 전형적인 농촌 지역과 새로 지은 대규모 아파트
단지가 들어선 신도시(수지, 동백)가 공존하고 있었다. 신도시의
급격한 유입 인구의 증가와 두 지역 간의 교육, 복지, 문화적 격차
가 심해 학교사회복지를 통해 학생들의 문제에 대한 해결방법을
찾고 싶었다.

어느 날 용인시 시의원이 된 신현수 의원이 용인을 위해 복지사
업으로 뭘 하면 좋을지 의논하고 싶다고 찾아왔다. 이분은 겸손하
고 진솔하신 분이며 일을 추진하는 열정이 대단하셔서, 사업을 진
행하는 중에도 언제나 든든한 지원군이 되어 주었다. 우리의 사업

학교사회복지 마중물

계획서가 채택되도록 도움을 주었고, 사업보고회에 초대받아 오신 교장 선생님들이 학교사회복지를 유치하고 싶어 할 때 용인시의 소극적 태도와 싸우며 1교씩 증설하는 데 기여하셨다.

그 결과 용인시 학교사회복지가 지자체 지원으로 2007년 4월에 용천초등학교에서 시작해서 현재는 초등학교 5개교, 중학교 1개교 총 6개교에서 실시되고 있다. 그리고 2011년 1월 11일 「용인시 학교사회복지 활성화 및 지원에 관한 조례」가 제정되었다.

용인시 조례 제정 준비부터 사업계획서 작성까지 대학 부설 사회복지연구소에 속한 학교사회복지 자문팀은 모두가 '용인시의 학교사회복지 모형을 만들어 지역사회의 학교(교사, 학부모, 학생)와 지자체에 학교사회복지를 소개하고, 그 필요성을 인식하도록 하는 데 주력했다. 사회복지연구소는 준비된 학교사회복지사 양성을 위해 대학의 예산지원으로 '예비학교사회복지사 아카데미' 과정을 실시했다. 복지사의 역량 강화를 위해 철저한 슈퍼비전과 자문을 제공했다. 학교현장을 방문하여 교장과의 협력관계를 유지하였고, 그들로부터 복지사들에 대해 입이 마르도록 칭찬하는 피드백을 듣기도 했다.

체계 중심의 통합적 실천모델로 평가회 자료를 만들어 사업평가회를 용인시에서 주최하도록 했고(사진 참조), 학교와 학생들에게 실제 나타난 변화를 보여 주어 지자체를 감동시키고 싶었다.

66

　학교사회복지사의 기본적 역량으로는 인간에 대한 사회복지 가치관과 관점, 변화하고 성장할 수 있다는 믿음과 희망, 그리고 실천을 위한 열정이 얼마나 있는가 하는 것들이 너무나 중요하다. 학교에서 복지사를 칭찬하고 고마워하는 말을 들으면 참 보람있고 흐뭇하고 자랑스럽다.

99

2009년 4월 2일
용인시 학교사회복지 시범학교 운영협의회

2010년 12월 9일
용인시 학교사회복지 시범사업 운영보고회

용인시가 학교사회복지 실천을 잘해서 다른 지자체들에게도 모범이 되기를 내심 바랐다.

그 당시 용인시 학교사회복지사들은 지금 학교사회복지사협회 사무국장인 김진주를 비롯해 김미영, 정경희, 연윤영, 백현희 선생 등이 있다. 이들은 이 사업이 제도적으로 지역사회에 자리 잡고, 학교, 학생과 학부모로부터 좋은 평가를 받는 견고한 토대를 만들어 놓기 위해 최선을 다했던 것으로 기억한다. 그러한 노력이 있었기 때문에 사업보고회에 초대받아 오신 타교의 교장 선생님들이 서로서로 자기 학교에 학교사회복지사업을 유치하고 싶어 용인시에 건의하곤 했으나, 용인시는 경전철 운영으로 인한 적자 재정을 이유로 미루곤 했다.

한번은 학교사회복지사의 보수에 대한 문제를 건의하기 위해 시의원과 면담 약속을 한 후, 건의 내용을 우리끼리 리허설을 하고 방문을 하여 해결한 적도 있으나 늘 흡족하진 못했다.

칭찬하고 싶은 사람

진심으로 칭찬하고 싶고 고맙다고 말하고 싶은 사람은 임경선 교수(전 한국학교사회복지사협회장, 현 백석예술대 교수)이다.

임 교수는 한국 학교사회복지 실천의 발전을 위한 과제들을 추진하는 데 기여를 많이 했다. 지자체 사업의 확장과 학교사회복지사협회장과 학교사회복지학회장으로 학교사회복지의 난제들을 해결하기 위해 공헌한 점이 많다. 학교사회복지의 제도화를 위해 지금도 수고하는 모든 분과 함께 애를 많이 쓰고 있다.

석·박사과정에서 만나 알게 된 임 교수는 인간적으로 솔직하고 사람을 편안하게 대하는 인간관계를 참 잘하며, 일을 추진하는 데 있어서는 주저함이 없고, 부지런하고 성실한 행동파인 것 같다. 오랜 기간 동안 학교사회복지를 함께 연구하고 활동하며 더 잘 알게 된 계기가 되었는데, 수시로 새로운 아이디어를 가지고 스스럼없이 찾아왔고, 내겐 늘 흥미로웠다. 임 교수는 수원시 학교사회복지를 위해서 전임 수원시장을 만나러 갔고, 그 후에도 포기하지 않고 후임 시장을 설득하기 위해 필요한 사람들을 동원해서 결국은 지자체 사업을 할 수 있게 하였다.

임 교수 자신의 학교사회복지사로서의 실무 경험이 학생들의 교육이나 실무자 슈퍼비전 및 자문 시 큰 강점이 되는 것 같았다. 사회복지공동모금회 기획사업으로 청명중학교에서 학교사회복지사로 일할 때 나는 자문위원이었다. 학생 개인, 집단, 가정 중심의 개입도 참 열심히 했는데, 그런 열정이 학생들을 진심으로 사랑하는 데서 나오는 것 같았다. 학부모 회의와 교사들의 운영위원회 회의에 나를 꼭 참석하게 했고, 교장과의 면담도 반드시 기회를 만들어 만나지 않을 수가 없었다. 자원 동원이나 네트워킹도 잘하고 부족함이 없었다. 특히 생태체계 실천모델을 적용해 보고 싶은 나의 의견을 철저히 실천과 평가에 적용하며 서로가 만족했다. 임 교수의 신앙심은 학부의 전공을 대학원에서 사회복지로 바꾼 중요한 요인이며, 영성의 중요한 자원이다. 한국 학교사회복지 발전에 기여한 분들 중 꼭 들어가야 할 사람으로 꼽고 싶다.

학교사회복지에서 중요한 점은 무엇이라고 생각하시는지요?

기본이 탄탄해야

학교사회복지 실천에서 기술이나 방법은 차후 문제이고 먼저 복지사의 인간관계 능력(사회성), 성실성, 책임감을 볼 수 있어야 한다.

학교사회복지사의 기본적 역량으로는 인간에 대한 사회복지 가치관과 관점, 변화하고 성장할 수 있다는 믿음과 희망 그리고 실천을 위한 열정이 얼마나 있는가 하는 것들이 너무나 중요하다. 학교에서 복지사를 칭찬하고 고마워하는 말을 들으면 참 보람있 고 흐뭇하고 자랑스럽다. 그들은 이런 기본 덕목, 즉 성실하고 아 이들을 사랑하는 마음으로 교사와 교장과 소통을 잘하는 책임감 이 강한 복지사들이다. 그러나 현장이 늘 기대에 부응하는 것은 아닌 것 같다. 가끔 현실에 좌절하거나 매너리즘에 빠져서 열정이 보이지 않는 복지사들을 본다. 성남에서 자문할 때 이들에게 다시 그 열정의 불꽃을 되살려 주려고 갖은 애를 써 봤지만 쉽지 않았다. 그래서 이것을 슈퍼비전 외에 양성과 자격부여, 채용 면접과 선발 과정부터 정말 세심하게 잘해야 한다고 생각하게 되었다. 또한 사업의 파트너인 교장이나 장학사 등 면접관의 학교사회복지 지식과 가치관, 슈퍼바이저의 역량도 중요하다.

미완의 제도화

두 번째로는 시의 학교사회복지 조례가 교육 관련법과 연동하여 학교 교육체제 안에 안정적으로 제도화되지 않은 것이다. 우리나라는 학교와 지자체의 관리체제가 나뉘어 있어서 지자체에 조례가 있더라도 학교 관련 교육법이 학교사회복지사의 채용 근거를 만들지 않으면 이 조례는 불완전한 것이다. 지자체 조례를 통한 학교사회복지는 성남시가 최초이긴 하지만 사실 용인시가 성남시보다 더 일찍부터 학교사회복지 조례를 준비하고 있었다. 그렇게 애써서 학교사회복지사업을 정착시키려고 모두가 무진 애를 썼는데도, 아직도 사업학교 규모가 여전히 몇 년째 6개교 그대로이고 교육복지우선지원사업 학교도 1개교란 점이 안타깝다.

미래를 대비해야

무엇보다 4차 산업혁명이 가져올 AI의 세계에 대비해야 한다.

교육계에서도 4차 산업혁명 또는 디지털 시대에 대비한 교육과정 개발과 교육혁신을 이야기하고 있다. 사실상 학교사회복지 실천대상인 학생들은 모두가 디지털 네이티브 세대에 속하기 때문에 학교사회복지사들이야말로 디지털 역량을 키우기 위해 전력을 다하고, 디지털 테크놀로지를 실천에 적용해야 할 것이다. 사회복지도 마찬가지이다. 우리가 현장에서 assessment(사정)를 하지 않나? 클라이언트를 bio-psycho-social-cultural-spiritual(학생들에게 영적 측면이란 왜, 어떻게 살고 싶은지=장래 희망, 삶의 의미 등)한 다중측면을 통합해서 사정한 자료들을 잘 기록하고 그것을 데이터화해서 데이터베이스로 저장해야 한다. AI를 활용해서 클라이언트를 더 잘 이해하고 더 잘 지원하는 일, 그래서 학교사회복지 실천의 전문성을 높이도록 준비해야 한다.

또한 훌륭한 학교사회복지사의 자질과 능력도 데이터베이스화할 수 있다면 좋겠다. 전국 네트워크를 활용해서 데이터베이스화하면 많은 걸 할 수 있다. 그렇게 된다면 학교사회복지사 양성이나 자격관리, 능력개발, 연수 등에도 활용할 수 있을 것이다. 미국 사회사업대학 교육협의회가 제시한 10가지 사회복지사의 역량 기준 같은 것을 참조해서 만들면 될 것이다. BTS가 이렇게 세계적으로 유명해진 것도 온라인을 활용한 것이다. 이제는 빅데이터를 가지고 이것을 운용할 수 있는 사람이 힘을 쥐게 된다. 학교사회복지에서도 이런 시대를 준비해야 한다. 이런 데이터는 사례 기록case recording에서부터 나온다. 복지사들은 기록에 충실해야 한다. 기록은 자신이 한 일에 대한 증명자료가 되기도, 자기성찰의 자료가 되기도 한다. 이 외에 사물인터넷, 화상소통 등도 어떻게 활용할지 지금부터 공부하고 지식교육으로 준비해야 한다. 요즘 인터넷상에 이런 것과 관련된 강의가 많이 떠 있는데 시간 있는 사람들이 그룹을 만들어서 같이 공부하고 연구하고 토의해서 대비하면 좋겠다.

앞으로는 단순노동, 기능적 화이트칼라 직들이 다 AI로 대체된다고 한다. 또 큰 회사에 취업해서 출퇴근하고 월급 받으며 일하는 게 아니라 언제나 어디서든 일하는 1인 창업 시대가 올 것이다. 박사 학위를 받고도 대학에 강의 자리를 얻을 수가 없고 대학, 대학원도 문을 닫는 추세이다. 꼭 4년 동안 대학에서만 공부하는 것이 아니라 나이, 자격, 장소와 관계없이 무엇이든 배우고 공부하는 시대가 오고 있다. 사회복지사들이 여기에 대비하지 않으면 안 된다. 학교사회복지는 절대 AI로 대체될 수 있는 것이 아니고, 복지사와 AI가 협업할 수 있는 방법을 개발하는 것이 필요하다.

둘째로 이번에 「사회복지사업법」 개정과 관련한 제도 정비에서 이걸 잘해야 한다. 앞에서 말한 AI 활용 사회복지사 관리체제와도 연동이 되는 이야기이다. 그동안 학교사회복지사 협회와 학회를 통해 학교사회복지사 민간 자격을 취득한 사람이 1,598명 (2021년 말 기준) 정도라고 한다. 지금은 더 많아졌으리라 생각한 다. 이번에 이미 자격을 취득한 이들을 어떻게 국가자격 제도에 서 품도록 할 것인지, 또 교육복지사들은 어떻게 할지도 고민해야 할 것이다. 자격시험뿐 아니라 수련제도, 슈퍼비전제도 등도 잘 만들어야 한다. 지금 한국사회복지사협회와 학교사회복지사협회 가 시행령, 시행규칙, 직무표준과 수련제도 안 등을 준비하고 있 다고 하는데 학교가 사회복지기관이 아니고 2차 세팅이어서 여러 가지 어려움이 있을 것이다. 정신보건복지사 자격관리 기준도 참 고하고 경험이나 자원이 많은 한국사회복지사협회도 함께 협력해 서 좋은 제도를 완성해야 한다.

사회복지사 자신이 가장 중요

무엇보다 학교사회복지 실천에서는 사회복지사 자신이 가장 중요한 자산이고 도구이기 때문에 자격관리제도를 좀 엄격해야 했으면 한다. 대학에서부터 교육, 양성과정도 잘해야 한다. 재직 시 대학교 예산으로 '예비학교사회복지사 아카데미'를 운영했다. 1학년 때부터 학교사회복지를 소개하고 관심 있는 학생들이 4년 동안 쭉 공부하고 준비하도록 지원해서 역량 있는 학교사회복지 사를 길러야 한다. 교육과정 계획 및 운영에 박화옥 교수, 김민정

교수, 임경선 교수가 함께하였고, 특히 외부의 초빙 강사로는 학교 현장의 유능한 학교사회복지사들이 경험한 현장의 생생한 이야기를 들을 수 있어서 학생들에게 정말 흥미 있고 귀중한 시간이 되었다.

또한 제도상 인력관리위원회 같은 것을 만들어서 정기적으로 현장을 평가하고 취약점을 개선하고 복지사들이 자기역량을 개발하고 계속 깨어 있도록 해야 한다. 슈퍼비전 체제와 슈퍼바이저의 역량도 중요한데 학교사회복지사의 역량을 이끌어 내고 고양시키는 일이 슈퍼바이저 한 사람의 힘으로는 되지 않는다. Person과 Task, 이 두 가지 영역에서 리더십을 발휘하도록 하는 것이 중요하다. 이번 기회에 전체 시스템이 전방위적으로 현장을 지원하도록 구성해야 한다. 학교 안에서 사회복지사의 역량이 잘 드러나야 하며, 교사들에게 인정받지 못하면 학교 안에서 제대로 일할 수 없기 때문이다.

학생의 권리와 복지를 위해 일하다 보면 교육청이나 학교의 방침과 일치하지 않을 수도 있고 교육청도 예산 때문에 더이상 인력을 채용하지 못한다고 하는데, 오히려 정신보건센터처럼 학교 밖에 학교사회복지센터를 두고 학교를 방문해서 일하는 것을 생각해 보면 어떨까 한다. 그래서 법 전공자뿐 아니라 현장 경험이 많은 분들이 시행령 준비과정에 참여해서 의견을 반영해야 한다. 학교사회복지사가 학교를 주요 '장場'으로 학교와 협력해서 일하기는 하지만 반드시 모두가 학교 안에 재직해야만 하는 것은 아니다. 학생도 학교 안에만 있는 것이 아니지 않은가.

03
성민선

가톨릭대학교 명예교수

한국학교사회복지학회 초대 학회장

학교사회복지와의
첫 만남은
어떻게 이루어졌나요?

국민복지기획단의 학교사회사업 실시 권고

문헌상 학교사회사업의 시초는 한국전쟁 후 1960년대 외원기
관의 아동복지 프로그램에서였다. 1960~1970년대에 캐나다 유
니테리언봉사회에서 school social work라는 이름으로 복지관의
사회사업가*가 학교를 방문해서 학교사회사업을 실천하였다. 마
포사회복지관에서 학교사회사업을 실습한 김선희를 필두로 표갑
수, 오창순, 최인욱 등이 1970년대와 1980년대에 학교사회사업
으로 석사학위논문을 썼다. 1990년대에는 학교사회사업을 주제
로 한 논문과 연구들이 많이 나오기 시작했고 학교사회복지 대학

---

* 1983년 「사회복지사업법」 개정과 함께 '사회복지사'가 법적인 용어로 규정되고 '사회복
지사 자격증'이 발급되면서 '사회사업' '사회사업가' 대신 '사회복지' '사회복지사'라는 표
현이 자리를 잡았다. 그러나 세간에서는 2000년 무렵까지도 '사회복지사'보다 '사회사
업가'라는 용어가 많이 사용되었다. 본고에서는 맥락에 따라 '사회사업(가)'와 '사회복지
(사)'를 혼용하여 썼다.

교재도 선을 보였다. 이런 흐름 속에서 은평종합사회복지관에서의 학교사회사업, 윤철수의 학교 내 실습은 초기 학교사회사업 실천에 중요한 의미를 갖는다.

학교사회사업이 사회적 관심사로 대두한 것은 1995년 김영삼 대통령의 문민정부 당시 국민복지기획단이 정부에 학교사회사업 실시를 건의하고부터이다. 당시 교육이나 청소년 관련 주요 이슈는 중·고등 학생들의 중도탈락, 비행, 일탈 등이었다. 교육부는 서두른 나머지 사회복지학계와 사전 논의 등의 준비 없이 '학교사회사업 시범사업'을 시작했지만 그나마 흐지부지되고 말았다. 그 일이 지금까지도 제일 큰 아쉬움으로 남아 있다.

학교사회복지학회 출범

사회사업학계에서는 1997년 5월 학교사회사업학회를 창립하게 된다. 아동복지학회 이사회에서 학교사회사업의 필요성에 대한 이야기가 나온 것이 그 계기였다. 표갑수 교수가 아동학대 문제의 예방과 해결을 위해 학교가 연결되면 좋지 않겠느냐고 언급했고 다수의 이사들이 지지의 뜻을 보였다. 준비위원장에 추대된 나는 학회창립 전 3월에 '학교사회사업 대토론회'를 개최하여 사회 지도층에 학교사회사업의 필요성을 알리는 한편, 그들의 이해와 지지를 모으고자 했다. 그때 나는 가톨릭대학교 사회복지연구소장에 재임 중이었는데 전국 8개 대학에 있는 사회복지연구소협의회를 만들고 한국사회복지사협회, 한국사회복지학회, 한국사회복지대학협의회, 아동복지학회, 사회복지관연합회 등이 공동 주최하는 대토론회를 주관하였다. 관심 있는 교수 개인들이 대토론회를 후원하는 찬조금을 내주었다. 그 결과 3월 15일, 국회의원회관에서 '학교사회사업 대토론회—건전한 교육환경 조성을 위한 학교사회사업 도입 방안'이 열렸다. 이는 사회복지계 안에 이미 조직화의 역량이 있음을 잘 보여 준 예가 되었다. 류기형 교수가 사회를 보았고 정은, 김기환, 표갑수, 이옥식(당시 영등포여상 교장) 씨가 발제 및 토론을 맡았으며, 김중위(신한국당), 신낙균(새정치국민회의), 이수인(통합민주당) 의원 등 여·야 정당별 인사가 축사를 했다. 교육부장관과 복지부심의관도 격려사를 보냈다.

이후에는 학교사회복지와 관련하여 어떤 일에 관여하셨나요?

1997년 5월에 학회 창립 시 내가 초대 학회장으로 추대되었다. 나는 학회장으로서 연 2회의 학술대회, 격월간 학회 소식지 발행, 월례 집담회(콜로키움) 등을 곧바로 실행에 옮겼다. 학술대회에는 외국의 학교사회복지 전문가들도 초청했다. 기업들이 후원금을 보내 주었다. 제일 먼저 1997년 11월 7일에 '위기의 청소년 어떻게 도울 것인가'라는 주제로 미국 일리노이주 로욜라대학의 Robert Constable 교수를 초청했다. 외국에서 학자가 오니 문화일보, 한국일보, 동아일보 등이 후원을 하고 신문에도 기사를 내주었다. 미시간대학의 Paula Allen-Meares 교수도 초청했다. 일본 사회사업대학의 야마시타 에이자부로 교수, 미시간주립대학의 John Herrick 교수(2000년 8월 가톨릭대 방문 강연) 등도 한국에 다녀가거나 소식지에 글을 보내 주었다.

1997년 8월 29일부터 월례 집담회를 시작했다. 장소는 서울역 건너편 대우빌딩의 대우재단 세미나실이었다. 당시 복지관의 사회복지사, 석·박사과정 대학원생, 교수, 그리고 관심 있는 사람들이 모여서 학교사회사업에 관련된 연구와 사례 경험을 발표하고 공유했다. 그 가운데는 윤철수(학교사회복지사협회 초대 회장), 김용석(후에 가톨릭대 교수) 씨 등이 있었다. 이 모임은 꽤 오래 계속되었는데 날이 갈수록 참여자가 늘어나면서 학교사회복지의 열기도 달아올랐다.

실천현장은 많지 않았지만 학교사회복지사들은 열정적이었다. 그리고 마침내 처음으로 학교에서 학교사회사업 실습을 했던 윤철수 씨가 중심이 되어 2000년 8월 학회-협회 공동연수 기간에 학교사회사업실천가협회(학교사회복지사협회의 전신)가 출범하게 되었다. 협회 창립식에는 제2대 학회장인 조흥식 교수와 여러 교수가 직접 참석해서 격려와 지원을 아끼지 않았다. 학회와 협회는 처음부터 마치 '2인3각'을 하듯 공동학회, 공동연수로 함께 움직였다. 그 전통이 지금까지 이어져 오고 있다. 이런 모든 활동은 학회가 발행한 「학교사회복지 Newsletter」에 보면 다 나와 있다. 그때 뉴스레터를 보면 다양한 집필자들이 지면을 빛내 주고 있다. 오성숙 참교육을 위한 전국학부모회장, 김기환 교수, 조흥식 교수, 문용린 교육부장관, 이돈희 교육부장관, 강지원 변호사, 그리고 대통령 영부인 이희호 여사의 글도 보인다.

66

교사, 학부모 등과 팀워크를 이루어서 협력하여 학생을 도움으로써 교육적 목적에 기여하고자 하는 것이다. 전인적 접근holistic approach으로 학생을 중심에 두고 지역사회와 학부모를 연결시키는 등 전체적 접근를 취해야 한다. 학교사회사업의 목적은 결국 학생 성장에 방해가 되는 장애물은 제거하고 디딤돌이 될 수 있는 기회와 자원을 연결하여 학생들의 잠재적 능력을 개발하고 발현하도록 돕는 것, 그런 학교 환경을 조성하는 것이다.

99

학교사회복지 제도화 추진

2000년 이후에는 '제도화'를 전면에 내세우고 내가 중심이 되어 '제도화추진위원회'를 결성했다. 여기에 사회복지계의 리더들, 학교사회사업 관계 교수들이 대거 동참했다. 제도화추진위원회는 안병영 교육부총리, 박세일 청와대 수석, 김근태·손학규 보건복지부장관 등을 방문했다. 학교사회복지 법안 발의를 위해 추진위는 공청회, 정당토론회도 열었다. 이 법안은 사실 사회복지사 자격시험 출제위원으로 호텔에 갇혀 있으면서 여럿이 의논하였고 윤찬영 교수가 책임을 맡아 초안을 작성한 것이었다.

학교사회사업의 외연이 점차 넓어졌다. 몇몇 교수들의 노력으로 사회복지공동모금회 기획사업으로 학교사회사업을 할 수 있게 되었다. 또 서울특별시교육청 시범사업도 하게 되었다. 이런 일에 당시 학회장이었던 조흥식 교수를 비롯해서 이태수, 오창순, 노혜련 교수 등이 열심히 뛰어 주었고 대학원을 졸업한 현장 사회복지사 윤철수, 김상곤 등이 실무자로 참여했다. 기획사업, 시범사업을 하면서 여러 학교에 사회복지사가 들어가게 되고 마침내 학교사회복지사들이 현장의 주인공으로 등장하게 되었다. 2003년 노무현 대통령의 참여정부가 IMF 경제위기 극복을 위해 대대적인 복지정책을 추진하면서 교육부는 교육복지투자우선지역지원사업을 시행하고 실무자인 지역사회교육전문가, 교육청 프로젝트조정자로 많은 사회복지사가 들어갔다. 또 교육부는 1997년에 시도했다가 끊어진 학교사회사업을 2004년에 다시 추진하여 전국 16개 시도의 48개 초·중·고교에 학교사회복지사 활용 연구학교를 실시했다. 이 연구학교는 이후 전국 96개교로 확대하여 보건복지부와 교육부가 공동 추진하다가 2008년 말에 종결되었지만 대신 교육복지우선지원사업이 전국적으로 크게 확대되면서 학교사회복지의 실천현장 구실을 대신해 왔다. 또 성남시, 수원시, 용인시 등 몇몇 경기도 내 지자체에서는 교육청을 통해 학교사회복지사업의 맥을 이어 오고 있다. 이 모든 일에 학교사회복지학회 교수들과 학교사회복지사협회 회장 및 간사들과 이사들이 모두 합심하여 열심히 뛰었음은 물론이다.

20여 년 노력 끝에 학교사회복지사 자격 법제화

마침내 2018년 11월에 우리가 그렇게도 바라던 「사회복지사업법」 개정이 이루어졌다. 여기에는 학교사회복지학회와 학교사회복지사협회의 노력은 물론 전 학교사회복지학회장이기도 했던 오승환 한국사회복지사협회 회장(울산대 교수), 정춘숙 의원(민주당) 등이 크게 수고했다. 시행을 앞두고 시행령을 비롯하여 각종 제도적 장치들이 마련되는 중이다. 오래전 학교사회복지법 초안을 만들었던 윤찬영 교수(전주대)가 이번에도 큰 책임을 지고 이끌고 있다.

어찌 보면 지난 20여 년간의 수고에도 불구하고 이제 다시 출발점으로 되돌아왔구나 하는 생각이 든다. 열심히 왔는데도 여전히 원점에 선 느낌이다. 우리 모두가 증인으로 그때 거기에 있었는데 지금 여기 와 보니 여기가 거기다! 이럴 수가…… 허탈해진다. 그러나 이번엔 반드시 끝을 보아야 한다. 그동안 우리 모두의 노력이 쌓였기에 거기에만 머무른 것이 아니라 지금 여기에 와 있지 않나 싶다.

한국 학교사회사업의 특징에 대해서 외국인들도 한국은 조직력이 강해서 잠재력이 있다고 했는데 그 말이 맞다. 사실 우리가 약해서 남이 도와주기만을 기다린 것이 아니었다. 교육계나 정치인, 관료들은 우리를 불쌍하게 보지 않았다. 우리는 이미 능력이 많으니 그들로서는 사회복지사를 도우려 하기보다는 오히려 경계심을 갖게 하지 않았나 싶다. 우리는 어려움에 처한 학생들을 도울 수 있도록 함께 공감하고 연대하자 한 것인데 그들은 학교사회복지사들이 강하고 역량이 있으니까 너희끼리 알아서 해 보라는 식으로 놔둔 것은 아니었을까. 하지만 결국은 잘 될 것이다. 조직력이 우리의 원동력이었으니까. 그 조직력의 힘으로 우리도 떳떳하게 학교사회사업을 시행하는 세계의 여러 나라들과 어깨를 나란히 하게 될 날이 바로 눈앞에 와 있다. 어느 날 날을 잡아서 크게 파티를 하자. 초기부터 이런저런 모습으로 우리를 도운 분들 그리고 누구보다도 열정을 불사른 학교사회복지사들이 모두 모여 신나는 파티를 열자.

학교사회사업과 관련해서
특별히 기억나는
사람이 있습니까?

그동안 참여했던 모든 사회사업가, 실천가들을 다 칭찬한다. 지금까지 학교 현장을 지켜 왔거나 떠났거나 학교사회사업에 발을 디뎠던 모든 이들이 다 학교사회사업의 선구자들이다. 여태껏 안정된 지위도 없이 현장에서 묵묵히 일해 온, 그리고 앞으로 일할 학교사회복지사들 모두를 소중하게 생각한다. 그중 꼭 칭찬하고 싶은 사람은 공식적인 최초의 학교사회사업가 윤철수 선생이다. 그는 도전하는 사람이고 행동하는 사람이었다. 그가 발판이 되어 학교사회사업실천가협회, 지금의 학교사회복지사협회가 이루어졌다. 몇 년 전 대만에서 개최하는 학교사회복지학회에 그를 초빙 발표자로 추천한 이유이기도 하다. 지금은 학교사회사업계를 떠났다니 아쉽다.

고마움을 표하고 싶은 외국인은 미국의 Marion Huxtable 여사이다. 「세계 학교사회사업 소식지」International Electronic School Social

Work Newsletter」편집인이자 국제적 네트워크 조직가이다. 매달 말
이면 전 세계의 학교사회사업 소식을 전해 주고 있다. 정말 고맙
다. 2004년인가 동남아시아에 큰 쓰나미가 발생했을 때 Marion
의 제안으로 여러 나라에서 기부금을 모아서 보냈다. 당시 나는
학회의 평회원이었기에 뭘 하지는 못했고 나와 남편이 스리랑카
의 한 단체에 개인적으로 성금을 보냈다. 우리나라가 잘 사는 나
라로서 할 일을 한 것뿐인데 우리나라가 부산에서 세계학교사회
복지학회를 개최했을 때 스리랑카 대표가 와서 나에게 고맙다고
인사를 했다.

학교사회복지 마중물

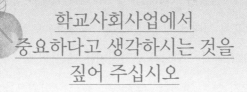

학교사회사업에서
중요하다고 생각하시는 것을
짚어 주십시오

    학교사회복지 실천, 즉 학교사회사업은 사회복지사 혼자 할 수 있는 게 아니다. 학교에 들어가서 교사, 학부모 등과 팀워크를 이루어서 협력하여 학생을 도움으로써 교육적 목적에 기여하고자 하는 것이다. 전인적 접근holistic approach으로 학생을 중심에 두고 지역사회와 학부모를 연결시키는 등 전체적 접근를 취해야 한다. 학교사회사업의 목적은 결국 학생 성장에 방해가 되는 장애물은 제거하고 디딤돌이 될 수 있는 기회와 자원을 연결하여 학생들의 잠재적 능력을 개발하고 발현하도록 돕는 것, 그런 학교 환경을 조성하는 것이다. 시대가 달라지고 아이들이 달라지고 있다. 요즘 4차 산업혁명 시대라고 하지 않는가. 학교는 섬이 아니다. 교사에게만 학생을 잘 교육시키라는 책임을 안겨 줘서도 안 된다. 옛날식의 교육환경, 교육방식으론 안 된다. 아이들의 잠재력을 개발해 주는 교육을 이뤄 가는 데 사회복지계가 기여할 수 있어야 한다. 사회복지사들이 그저 안정적 일자리를 위해 투쟁하는 것이 아니다. 교육이 제대로 이루어지도록, 발전적으로 변화하도록, 복지적인 교육환경이 되도록 변화시키는 데 사회복지사, 연구자가 기여하고자 하는 것이다. 학교 구성원들은 팀워크를 잘해야 한다. 리드하려고도 말고 리드당해서도 안 된다. 조정자의 역할이 참 중요하다. 우리 학교사회복지사들은 가정의 보호자, 교사, 지역사회와 함께하고, 교사들과 학교도 사회복지사들이 고유한 전문성으로 참여할 수 있게 전문성을 존중하며 협력할 수 있는 구조를 만들어야 한다. 교육자들도 타 전문직의 도움을 받아서 변화하는 사회에 맞는 바람직한 교육환경을 만들어 가야 한다.

나는 미국의 학교사회복지 표준, 윤리강령이 좋다고 생각한다. 우리 모두가 그 내용을 꼼꼼히 읽고 숙지했으면 좋겠다. 나아가 학교사회복지사뿐 아니라 교육계도 모두 이 내용을 좀 알았으면 한다. 학교사회사업을 왜 하는지, 학교사회복지사는 어떻게 일하는지 이런 것들을 이해하면 제도화의 구현에 큰 도움이 될 것이다. 우리나라에도 자료들이 많다. 옛 자료들이 없어지기 전에 찾아서 기록하고 남기는 일이 너무나 중요하다.

내가 얼마 전에 낸 수필집에 교수직 퇴임사를 실었다. 거기 마지막에 한 말이 바로 지금의 내 마음이다.

미안합니다.

용서하세요.

감사합니다.

사랑합니다.

하와이 원주민들의 치유전통의식에서 사용되는 이 네 마디 말
로 마무리를 하고 싶다. 보이지 않아도 우리는 다 연결되어 있다.
그렇게 여러분과 나는 언제까지나 끊어지지 않고 이어질 것이다.
여러분, 사랑합니다.

04
조흥식

서울대학교 명예교수
....
사회복지공동모금회장
....
전 보건사회연구원장
....
전 한국학교사회복지사협회 이사장

어떻게 해서
사회복지를
전공하셨나요?

정치학과 지망생에서 사회학과로, 다시 사회사업학과로

나는 서울대학교 72학번 사회사업학과(이후 1979년에 '사회복지학과'로 바뀌었다)에 입학하여 공부했다. 서울대학교에 사회사업학과가 만들어진 계기는 이렇다. 1948년에 일제강점하에서 만들어진 경성제대를 계승한 경성대학을 폐교하고 국립서울대학교를 새로 설립하였다. 새로 출범한 국립서울대학교는 우리 국민에게 우수한 고등교육시설을 제공·활용케 하기 위해 경성대학교 외에도 경성경제전문학교, 경성사범학교, 경성여자사범학교, 경성의학전문학교, 경성치과전문학교, 경성법학전문학교, 경성광산전문학교, 경성공업전문학교, 수원농림전문학교 등 총 10개 학교를 통합하여 종합대학으로 구성했다. 이때 모델로 삼은 것이 미국의 미네소타주립대학이라고 알고 있다. 당시 서울대학교는 미네소타주립대학과 MOU를 맺고 많은 교수 후보자들을 미국에 유학하도록 했는데, 이때 하상락 교수가 미국에 가서 사회사업학 석사학위를 받고 돌아와 서울대학교에 사회사업학과를 만든 것이다. 내가 학부과정에 다녔던 1970년대 초, 그 당시 학부 학위를 주는 사회사업학과는 전국에 8개뿐이었다. 1979년부터 사회복지학과로 이름이 바뀌면서 여러 대학에 사회복지학과가 생겼다.

내가 처음부터 사회사업을 공부하려 했던 것은 아니다. 그 계기를 다 이야기하자면 무척 길다. 부산고등학교를 졸업한 후 처음에는 정치학과를 지망했으나 입시에서 떨어졌다. 고향 부산을 떠나 서울에서 자취하면서 재수생활을 했다. 이때 고향 친구들과 친구의 친구들까지 내 자취방을 드나들면서 교류하느라 후반기에 성적이 떨어졌다. 재수학원(대성학원)의 선생은 내가 법대 합격이 위태로우니 상대를 가는 게 어떠냐고 했다. 그러나 당시 은행에서 일하시던 아버지는 상대 입학을 절대 반대하셨다. 그래서 나는 사회학과를 가야겠다고 생각하고 있었다. 그런데 우연히 동거하던 삼수생인 부산고 선배의 권유로 사회사업학과를 지망하게 된 것이다. 지금 생각하면 참 우습고 신기하다. 사실 인생의 정말 중요한 일들은 내 계획이나 의지와 상관없이 창조주이신 하나님에 의해 결정되는 것 같은 생각이 든다. 나는 사회학과를 목표로 하고 있었는데 예비고사를 치르고 난 날 자취하는 집의 옆방 삼수생인 선배가 나에게 찾아와서 서울대학교 요람을 보여 주었다.

그러면서 가만 보니 너는 정의감이 있고 사회문제에 관심이 많은 것 같으니 사회사업학과를 가라는 것이었다. "사회사업을 영어로 social work라고 하는데 이게 번역하면 '사회노동' 아닌가. case work, 이건 개인노동, group work, 이건 집단노동 아닌가? 지역사회조직론도 배우고 실습도 한다, 딱 네 관심과 맞는 것 같다. 사회노동이라 하면 빨갱이 소리 들을까 봐 사회 '사업'이라 번역한 것 같다."면서 사회사업학과가 나한테 적합할 것 같다는 것이다. 그는 내가 첫 입시에서 낙방한 정치도 관련이 있는 것 같다며 나를 설득했다. 나는 이 말에 솔깃해져서 부산의 아버지에게 전화를 해서 말씀드려 허락을 얻었다.

사회문제에 깨어 있는 의식의 지식인으로

입학한 이듬해인 1973년 10월에 내가 수업받고 공부하던, 종로 5가 동숭동에 위치한 문리대에서 모처럼 데모를 하게 되었다. 나도 종로경찰서에 잡혀갔는데 아버지에게 연락이 되어 부산에서 올라오셨다. 당시엔 말도 별로 안 하시던 아버지와는 사이가 영 안 좋았다. 그날 올라오셔서는 나를 형사들 앞에서 마구 때렸다. 이놈의 자식이 하라는 공부는 안 하고 뭐 하는 짓이냐면서. 나는 정말 화가 많이 난 줄 알고 놀라서 꼼짝도 못하고 맞았다. 그랬더니 이를 보던 형사가 이렇게 훌륭한 아버지 밑에 이런 놈이 있느냐면서 아버지 말씀 잘 듣고 앞으로 공부나 잘 하라고 내보내 주었다. 그 후로는 반정부 시위를 막는 더 강력한 긴급조치령이 떨어져서 한동안 학교도 못 갔다. 부산 집에 있으면서부터는 외부 활동을 일체 할 수 없었다. 아버지의 단속이 워낙 심하기도 했지만 사회과학 책 읽는 것과 사회 개혁적이고 사회행동social action을 연구하는 사회사업의 한 분야에 대해 더 공부하고 싶다는 학문에 대한 의지가 생겼기 때문이었다. 그러나 내 마음 한구석에는 민주화 운동을 함께 하다 옥살이를 하던 동료와 선후배에 대한 배신자라는 점에서 미안함과 죄책감이 늘 따라다녔다.

1976년 학부를 졸업하면서 대학원 입학시험을 쳐서 합격했지만 바로 휴학계를 내고 군 복무를 해야 했다. 나는 초고도 근시라 안경을 쓰면 렌즈가 너무 두껍고 무거워 콘택트렌즈를 껴야 할 정도로 시력이 나빴기 때문에 징집면제를 받아야 했지만 과거 훈방 경력으로 인해 결국 방위로 군에 가게 되었다. 군대에서 나보다 나이 어린 상관들 밑에서 고생도 했지만 좋은 경험도 많이 했다. 복학한 후 대학원 시절에는 친구들을 모아 다시 스터디 그룹을 만들었다. 1970년대 후반부터 1985년 사이는 반미 감정이 고조되고 데모가 많았다. 학생운동을 하던 이가 의문사 시신으로 발견되기도 하여 긴장감이 팽배했다. 이런 분위기에서 해외유학도 쉽지 않은 측면도 있었지만 이러한 국내 상황을 외면할 수 없던 의식

있는 사람들은 유학을 포기하고 국내에서 학업을 이어 가거나 노동현장에 위장취업을 했다. 이런 상황이 역으로 한국에서 1980년대 사회과학 논쟁이 융성하는 시기를 만들어 내기도 하였다. 사회복지학에서도 소속 대학을 초월해서 함께 공부하고 토론하는 모임을 자주 가졌는데 내가 주도적인 역할을 할 수밖에 없었다.

석사를 마치고 시간강사를 거쳐 1981년 3월에 청주대학교에서 전임강사로 첫 정규직 교수가 되었다. 그러면서 학부 시절 가졌던 배신자의 낙인을 떼어 내기 위해서라도 계속 독재항쟁 행동에 참여했다. 나를 포함해서 민교협(민주화를 위한 전국교수협의회) 교수들 중심으로 전두환 정부 당시 교수 성명서를 써서 발표하기도 했다. 당시는 반정부 발언이나 행위는 직장도 잃고 가족도 돌볼 수 없게 될지 모르는 험한 시절이었다. 그러나 아내가 기도를 하고는 어린 자식들과 자신은 염려 말라며 나를 지지해 주었다. 지금 생각해도 너무 고맙다. 이러저러해서 1991년 늦게나 되어서야 서울대학교에서 박사과정을 마치게 되었다.

학교사회복지와 연결된 계기는 무엇인가요?

빈민지역 아동공부방 활동

1975년 대학교 4학년 때이다. 1974년 12월부터 1975년 2월 중순까지 종로에서 관악산 자락 허허벌판으로 서울대학교가 이사를 하게 되었다. 서울대학교 관악산 시대가 열린 것이다. 서울대 주변의 신림7동 낙골(지금의 '난곡'), 그리고 봉천동 고갯길 동네 등 세칭 '달동네'가 참 가난했다. 그때 이미 거기서 빈민운동을 하는 사람들이 있었는데 빈민운동을 하면서 아동 공부방을 운영했다. 거기서 만든 것이 지탁연(지역탁아소연합)이다. 나는 낙골의 공부방에서 야학 교사 활동을 조금 했다. 3학년 때부터는 술을 엄청 마셨다. 술주정도 많이 했다. 내 맘속에는 민주화운동의 배신에 관련된 자책감이 많았다. 나만 살아 나온 것 같아서 죄스러웠다. 그리고 나 자신의 정체성에 대한 고민이 컸다. 한 2년 동안 헤맸다. 그런 방황에 대한 보상으로 낮에는 공부에 집중해서 성적도 아주 좋게 받았다. 하지만 사회문제에 대한 분노, 그런 것에 대해 대안 없는 무력한 나 자신에 대한 분노, 모멸감 이런 것 때문에 술 마시고 자학을 했다. 내가 사회에 대해 느끼는 정의감과 분노, 책임감, 낙골의 빈민촌 공부방에서의 경험들이 이후 학교사회복지와 긴밀히 연결되게 된 바탕이 된 것 같다.

학교사회복지학회 발족에 참여

1991년부터 서울대학교 교수로 옮겨 온 후 7년이 지난 1997년이었다. 서울대학교 선배인 성민선 교수님이 학교사회복지학회를 만든다고 초대해서 나도 회원으로 가입을 했다. 당시 나는 가족복지 쪽에 관심이 있었고 박사학위 논문도 가족 분야로 썼었다. 그러나 가족복지 쪽은 일할 사람이 많아 보였다. 그래서 새로 출범하는 학교사회복지학회를 좀 도와야겠다고 생각했다. 성민선 교수님이 권유해서 그 뒤를 이어 내가 2대 학회장을 하게 되었다. 이것이 학교사회복지에 본격적으로 발을 들이게 된 계기이다. 그때 윤철수, 김상곤 선생을 비롯해 현장에서 일하던 학교사회복지사들과 자주 교류했다. 그래서 그들을 통해 학교사회복지 현장에 대해 많은 걸 듣고 알게 되었다. 그래서 나중에 윤철수 선생이 중심이 되어 학교사회사업실천가협회(지금의 학교사회복지사협회)를 만든다고 할 때 적극적으로 나서서 도와주게 되었다. 윤철수 선생은 외모도 준수한 데다 친절하고, 특히 눈이 예뻤다. 그래서 그런지 학교사회복지사로 일하던 여고에서 학생들에게 인기가 많았다. 학교 교사들 중에서는 좋아하는 사람도 많았지만 시기, 질투하는 사람도 적지 않았던 것 같다. 2000년 여름, 윤철수 선생이 속리산에서 학교사회사업실천가협회를 발족한다기에 나도 내려가서 행사에 참여하여 진심으로 축하해 주었다.

학교사회복지 마중물

이후에도 많은 일에 관여하고 음양으로 도와주셨지요?

사회복지공동모금회 기획사업

처음에 '사랑의 열매'는 사회복지협의회에서 동사무소 중심으로 관리하던 작은 사업단이었다. 1998년 「사회복지공동모금회법」을 만들고 공공성을 강화한 민간기관 '사회복지공동모금회'로 재탄생시키는 과정에 관여했다. 초창기 공동모금회 배분분과 부위원장과 위원장(당연직 이사)을, 그리고 이후 기획홍보분과 위원장, 서울시 모금회 지회장 대행 등을 맡아 봉사하였다. 그러던 중에 모금회에서 학교사회사업을 시범사업으로 해 보면 어떨까 해서 윤철수 실천가협회 회장에게 제안했다. 그는 협회원들 몇몇과 궁리하여 현장에서 필요한 것을 반영해서 기획사업으로 안을 짜왔다. 그래서 전국의 몇몇 시에 시범지역을 선정해서 기획사업을 하게 되었다. 내가 배분위원장을 할 때 이태수 교수가 부위원장을 하면서 이 일을 적극적으로 도와주었다. 사회복지공동모금회의 학교사회복지 기획사업은 이후 학교사회복지 실천의 모형이랄까, 구체적인 실천 과정과 내용을 국내 실정에 맞게 구성하고 이를 다른 실천현장에서 적용하고 따라 하는 것을 가능하게 해 준 것이라 생각한다. 이 과정에 윤철수 선생을 비롯한 현장의 실천가들, 학교사회복지사들이 정말 열심히 일했다. 교사들의 학교사회복지에 대한 인식이 낮은 상황에서 실천하기도 힘들었을 텐데 자주 모여서 협의하고 연구하고 그런 것이 보고서로 만들어졌다. 또 여러 교수들이 슈퍼바이저로 참여해서 조언하고 학교의 이해를 이끌어 내도록 도와주었다.

학교사회복지사협회 이사장

나는 어찌어찌하다 보니 여러 단체에서 이사, 감사, 이사장으로 봉사하게 되었다. 그러다 최근에는 서너 개만 남기고 다 내려놓았다. 애정을 갖고 활동하던 관악사회복지도 이사장 자리를 내놓았다. 그런데 학교사회복지사협회만 아직도 이사장이다. 20년 가까이 한 것 같다. 특별히 정도 많이 들었고 아직 확실한 제도화를 못 했기 때문에 지인을 연결해 준다거나 도울 일이 생기기도 해서 그랬는데, 2018년 말에 국가 자격이 법으로 명시되었으니 이제는 다른 분에게 내드려도 될 것 같다(2020년 말에 이도 내놓아서 현재는 이사로서 봉사하고 있는데 이 자리도 3년 내에 물러날 것이다).

칭찬하고 싶은 사람들

누구보다도 학교사회복지실천가협회를 만들고 초대 회장을 했던 윤철수 선생이다. 정말 애정을 가지고 열심히 일하면서 힘들었을 텐데도 늘 웃는 얼굴이었다. 진실함이 느껴진다. 지금은 가정 사정으로 후에 가졌던 사회복지 교수직까지 그만두어서 참 아쉽다. 그가 하는 사업이 잘 되고 여유를 찾아서 다시 학교사회복지 활동에 관여하고 후원도 해 주고 그러기를 기대한다.

두 번째로는 윤철수 선생에 이어서 제2대 학교사회복지사협회 회장을 했던 김상곤 선생이다. 김 교수는 너무 일찍 세상을 떠났다. 만약 그가 더 살았더라면 학교사회복지를 위해 얼마나 크고 많은 일을 했을지 짐작할 수도 없다.

마지막으로는 그다음 회장을 했던 박경현 선생이다. 내가 가장 아끼는 사람 중 한 분이다. 교사로 사회생활을 시작했던 타 전공자가 학교사회복지에 뿌리를 두어 이 분야에 헌신했고 지금까지 여러모로 두루 챙기며 활약하고 있다. 이건 결코 쉬운 일이 아니다.

이렇게 세 사람을 칭찬하고 싶다. 그러나 내가 알지 못하는, 현장에서 묵묵히 아이들의 행복을 위해 열심히 일하는 학교사회복지사들 모두에게도 칭찬을 보내고 싶다. 또한 학교사회복지사들을 지원하고 협력한 교수님들에게도 고마움을 전하고 싶다.

학교사회복지 실천에서 중요한 것이 무엇이라고 생각하십니까?

2차 세팅에서 실천의 전문성

학교사회복지사의 전문성이다. 우리는 실천가이고 실천가에게 가장 중요한 것은 실천의 전문성, 곧 전문성을 실천으로 보여주는 것이다. 그 전문성을 구성하는 것은 여러 가지가 있겠지만 학교사회복지사가 일하는 곳이 학교라는 2차 세팅이니만큼 학교라는 구조와 교육과정에 대한 이해, 교사와 관계 맺기 같은 것이 중요한 부분이라고 생각한다. 학교에서 학생을 위해 교사, 상담사 등 다분야 전문직이 같이 협업하는 팀 조직이 만들어지고, 거기에 학교사회복지사가 전문가로서 당당하게 둘러앉아야 하고, 그때 우리의 전문성이 확실히 드러나야 한다. 우리의 실력이 보여야 한다.

또 '관계social'의 전문성이다. 상담을 하더라도 심리상담가와는 다른 것이 우리는 관계를 보고 학생이 처한 다양한 환경체계를 본다. 그러니 자꾸 심리 내적 학문을 공부하려 하고 어설피 흉내 내려 해서는 안 된다. 사람과 사람 간의 관계, 상대방의 입장을 고려하도록 하는 것, 상호관계를 존중하고 중요하게 다루는 것이 우리만의 독특한 전문성이다.

실천 경험이 중요

사회복지 실천 기술은 공부만 하고 지식만 쌓는다고 익혀지는 것이 아니다. 많은 훈련이 필요하다. 현장 체험, 실습, 인턴십 등을 통해 학교에서 학생들과 많이 만나야 한다. 경험하고 성찰하고 슈퍼비전을 받고 해야 한다. 예전에는 YMCA, YWCA 같은 청년운동단체의 지도자가 다 사회복지사들이었다. 이들이 집단개입 실천론의 관점에서 활동을 짜고 직접 실천한 것이다. 나는 YMCA에서 1년 동안 실습하면서 집단개입 실천을 했다. 경신고등학교에서 실습하며 20명의 학생들과 활동을 기획하고 모든 걸 짜서 운영했다. 사실 group work는 case work의 집합이기도 하다. 학생 하나하나를 따로 만나서 면담하면서 동시에 소집단 활동을 했다. group work는 소집단 활동을 통해 개개인을 변화시키는 것이다. 단체를 만드는 일이 아니다. 그러기 위해 각 개인의 특성을 찾아서 각자 자기 나름으로 활동에 참여할 역할을 부여해 주고 기여하도록 기회를 만들어 주는 일을 해야 한다. 그룹 속에서 각자의 개성이 드러나게 하고 서로 이해하게 하고 남을 보면서 자신도 다시 보게 되고 그렇게 각자, 또 함께 성장하고 성숙하게 해 주는 경험의 조직자organizer가 되는 것이다. 결국 관계를 통해서 개인을 발전시키는 것이다. 청소년학에서 하는 집단 활동과는 성격이 다르고 가치가 다르다. 이때의 실습 경험은 나를 사회복지 실천가로서 성숙하게 해 준 계기가 되었다.

추천하고 싶은 책

나는 이런 점에서 Biestek의 7대 관계 원칙이 굉장히 중요하다고 생각한다. 사람들은 이 책의 저자나 철학적 배경에 대한 이해 없이 달랑 그 책에 나온 7가지 원칙만을 인용하곤 하는데 그래서는 안 된다. 저자는 시카고 로욜라대학에 재직하던 신부 교수님이었다. 그래서 한 명 한 명 고유한 피조물로서의 인간에 대한 존중, 신학적인 색깔, 영혼을 울리는 깊이 같은 것이 있다. 입맛에 맞는 부분만 떼어서 인용하면 원서의 깊이를 다 드러내지 못한다. 원서를 직접 봐야 한다. 그의 저서 『The Casework Relationship』(1961)은 관계에 대한 책이다. 사회복지 실천에서 관계는 아주 기본 중의 기본이다. 학부에서 이 책을 접하지 못했다면 대학원에서라도 꼭 읽도록 해야 한다. 이 책은 정말 사회복지실천의 고전이다. 고전이라 함은 그만큼 가치가 있다는 뜻이다. 요즘에는 공부하는 풍토가 기능적인 것만 취하려고 하고 시험에 나올 만한 것, 키워드만 외우려고 하는데 그렇게 공부해선 안 된다. 원리를 알아야 하고 사람에 대한 이해가 바탕이 되어서 기능과 기술이 나오도록 해야 옳다. 키워드의 기본 뜻을 스스로 이해하려면 그 키워드가 나온 문맥, 사고의 흐름을 알아야 하고 그러려면 책을 제대로 읽어야 한다. 책에는 예도 많이 나와 있어서 이해가 쉽다. 나는 특히 원서로 읽을 것을 권한다. 예를 들어, '수용'과 'acceptance'에는 어감의 차이가 꽤 있다. 사회복지를 전공한 사람이라면 좋은 학자의 좋은 책, 거장의 책을 원서로 읽어 보기 바란다. 분명히 깊은 깨달음이 있을 것이다.

66

    나는 이런 점에서 Biestek의 7대 관계 원칙이 굉장히 중요하다고 생각한다. 사람들은 이 책의 저자나 철학적 배경에 대한 이해 없이 달랑 그 책에 나온 7가지 원칙만을 인용하곤 하는데 그래서는 안 된다. 저자는 시카고 로욜라대학에 재직하던 신부 교수님이었다. 그래서 한 명 한 명 고유한 피조물로서의 인간에 대한 존중, 신학적인 색깔, 영혼을 울리는 깊이 같은 것이 있다. 입맛에 맞는 부분만 떼어서 인용하면 원서의 깊이를 다 드러내지 못한다. 원서를 직접 봐야 한다. 그의 저서 『The Casework Relationship』(1961)은 관계에 대한 책이다. 사회복지 실천에서 관계는 아주 기본 중의 기본이다. 학부에서 이 책을 접하지 못했다면 대학원에서라도 꼭 읽도록 해야 한다. 이 책은 정말 사회복지실천의 고전이다.

99

학교사회복지 관련해서 바라는 점이 있다면?

협회에 대한 기대

기본적으로 학교사회복지사 관리가 제일 중요하다. 즉, 회원 관리, 권익 옹호 등을 잘 관리하고 운영해야 한다. 그리고 바람직한 영향력을 끼쳐야 한다. 개인이 할 수는 없으니까 말이다. 그러기 위해서는 많은 사람들을 계속 동참시켜야 한다.

나는 학교사회복지사협회에 대해 이런 꿈을 꾼다. 보통 큰 단체는 노조의 원리가 있는데, 한번 들어오면 완전히 의무적으로 평생회원이 되어서 참여하고 돈도 내고 헌신해야 하는 것이다. 우리 학교사회복지사협회도 그런 단체가 되었으면 좋겠다. 이게 강제한다고 되는 게 아니기 때문에 신뢰를 많이 얻어야 가능한데 제도화되면 가능하지 않을까, 그래서 회원이 늘고 협회 자산도 늘리고 그러면 영향력도 더 커지겠지 하는 꿈이다.

전문성 개발을 위한 사회복지 교육

학교사회복지를 「사회복지사업법」에 국가 자격으로 명시했다고 해서 다가 아니다. 그에 걸맞은 전문성을 기르도록 사회복지 교육 관련법을 개정하고 교육과정을 내실화해야 한다. 그 가운데 하나로 사회복지 전공 과정에서 실습을 강화하는 것, 인턴십 제도 마련, 대학원에 사회복지 전공 교수들을 확보하여 교육의 질을 높이는 것 등을 들 수 있다. 여기에 학교사회복지사를 꿈꾸는 사람들에게는 대학원 과정에서 학교 행정과 경영, 교육정책, 교육 개혁과 교육운동의 흐름, 교사의 역할, 교사와의 협업 등을 배울 수 있도록 해야 한다. 학교사회복지사가 학교에서 독도처럼 떨어져서 혼자 일을 잘할 수도 없거니와 혼자 일하는 것은 사회복지사의 전문적 모습이 아니다. 그리고 연구자와 실천가들이 힘을 합해 우리나라 상황에 맞는 학교사회복지사 직무를 개발하고 명료화하는 작업이 필요하다. 그런 일을 우리 협회가 꾸준히 해 나가기 바란다.

05

김혜래

가톨릭꽃동네대학교 명예교수
전 한국학교사회복지학회장

어떻게 해서
학교사회복지와
만나게 되셨나요?

아동복지 실천현장에서 출발

대학교 학부에서는 영어영문학을 전공하고 사회사업학을 부전
공했다. 교직을 이수하여 대학 졸업과 함께 영어교사 자격을 취득
했다. 1979년에 대학을 졸업하고 서울대학교 대학원에서 사회복
지학을 전공했다. 1981년 11월부터 홀트아동복지회에 취업해서
입양 관련 아동복지 분야에서 사회사업가로서 첫 사회복지 현장
활동을 시작했으나 2년 만에 출산으로 홀트를 그만두었고 출산
후 1985년 2월에 석사학위를 취득했다. 석사 논문 주제는 '청소
년의 가출 행동에 미친 스트레스의 영향과 사회적 지지의 역할'이
었다. 그 당시 사회복지학 분야에서 스트레스와 사회적 지지의 개
념을 다룬 논문은 거의 없었다. 사회복지실천을 아동복지 현장에
서 시작했고 석사학위 논문도 청소년 행동문제에 대한 연구로서
이런 현장 및 연구 경험은 이후 학교사회복지 실천을 하는 단단한

밑거름이 되었다.

학교에서의 경험: 교사로서 사회복지 실천

석사학위를 받고 좀 더 다양한 아동, 청소년을 만날 수 있는 현장이 어디일까 찾다가 학교를 선택했다. 마침 현대고등학교에서 교사를 뽑기에 지원하여 1986년 3월부터 영어교사로 일했다. 그때 나이가 30세였다. 당시 나는 미국에서 공부하고 오신 교수님들을 통해 학교사회사업에 대한 개요 정도만 들었고, 내가 학부 3학년 때 사회복지실습을 지역사회학교후원회에서 파견 사업을 하던 성심여고에서 지역사회학교 활동을 했는데, 그 정도만 알았지 국내 학교 내에서의 학교사회사업 실천이 있는지, 어떻게 이루어지고 있는지 알 수도 없었고 알려지지도 않았다. 나는 혼자 생각으로, 학교에 들어가서 사회사업을 해 보자며 교사 자격으로 학교에 들어가긴 했지만 아이(학생)들이 있으니 학교 안에서 학생들이 겪는 어려움을 좀 더 자세히 잘 볼 수 있을 것이고 대학원에서 배운 사회사업적 방법을 동원하여 그들을 도와줄 활동들이 보이리라 생각했다. 나는 교사 지원서에 '나의 사회복지 석사 논문이 청소년(중·고등학생)의 가출행동에 관한 것이고 홀트에서의 아동복지 실천 경험 등이 학생 지도와 학교에 도움을 줄 수 있다.'라고 썼는데 학교에서도 그걸 강점으로 보고 채용한 것이다. 당시 현대고등학교 초대 교장인 정희경 씨는 미국에서 교육심리학 박사를 하고 돌아와 미국 교육현장에서 본 대로 학교 상담실에 사회복지사, 심리학자, 상담사 3인의 다분야 전문가 팀을 구상하였다. 내가 채용될 당시 현대고등학교는 개교 2년째로 상담실 자체가 아직 학교 내에 존재하지 않았고 다른 두 전공의 교사들은 미처 채용되지 않은 상태라 학교장은 나에게 상담실의 신설(학교 내 상담실 위치 선정, 상담실 내 구조 등) 및 운영에 대한 기획과 실행을 전적으로 맡겼다. 정희경 교장은 나에게 상담실을 기능에 알맞게 이상적으로 꾸며 보라며 이화여고 상담실을 참고하라고 추천했다. 이화여고 상담실을 방문해 본 나는 그 정도만으로 만족할 수 없었다. 그래서 내 나름대로 대학교와 대학원에서 배운 지식을 동원하여 인테이크를 위한 면접실, 개별상담실, 집단활동(상담)실 등을 배치한 도면을 그려서 제출했더니 학교에서 그대로 지원해 주어 상담실을 꾸몄다. 그 이후 지금까지도 내가 본 바로는 초·중·고에 그 정도 시설을 갖춘 상담실을 찾기는 어려운 것 같다.

그렇게 1986년부터 내가 상담실의 전적인 책임을 지면서 학교에서 나름대로 사회사업을 적용해서 학교사회사업을 시도했다. 이듬해와 그다음 해에 교육학 석사 교사와 교육심리학 석사 교사가 보충되어 상담실에는 3인의 팀 체제가 완성되었다. 학교장의 배려로 상담실의 세 교사는 당시 일반교사들이 하는 주당 수업시

수보다 4~5시간이 적은 수업만 하고 나머지 시간은 상담 및 사회사업 실천을 할 수 있었다. 우리 세 사람은 참 열심히 신명나게 일했다. 상담실의 서로 다른 세 전공의 교사들은 자신의 사례case를 매달 한 번씩 번갈아 돌아가면서 발표하고 자신의 전공 분야의 최고 전문가(정신과 의사, 교육학 교수, 사회복지학 교수)를 초청하여 사례회의case conference를 하였다. 아마 이것은 학교 안에서 사회복지사로서의 전문적 가치관과 지식, 기법을 가지고 다른 전공의 교사(교육학, 심리학)와 함께 학생을 전인적으로 지원하는 팀 체제 속에서 일한 최초의 시도였을 것으로 생각된다. 당시 나는 학교사회복지사라는 직책으로 일하지는 않았지만 사회복지학 석사로서 전문성을 가지고 학교사회복지 실천을 했다고 생각한다.

학교사회복지와 관련하여 하신 일을 소개해 주십시오

교육학, 심리학, 사회복지학의 3인 팀 체제 경험

제일 먼저 현대고등학교에서 상담실 교사로 근무하면서 여러 가지 사회복지 실천을 시도한 것이다. 나 혼자 한 것이 아니라 세 사람의 상담실 교사들이 함께 역할분담을 하기도 하고 같이 협력해서 공동작업을 하기도 하며 제대로 된 팀 체제를 경험했다. 몇 가지만 생각나는 대로 정리하면 이렇다.

첫째는 각자 다른 전문성을 가진 세 명이 함께 학교상담실을 운영한 것이다.

학생 개별상담도 하고 학부모 상담이나 학부모 자원봉사단을 운영하기도 했다. 학생 상담은 담임교사, 교과목 교사와 학생부의 의뢰에 의해서 하기도 했지만 대부분은 학생들이 자원하여 이루어졌다. 학생들이 스스로 상담을 하고 싶으면 자기 고민을 가지고 어느 교사에게 하면 좋을지를 적어서 신청하고 그에 따라 응대하는 방식이었다. 그런데 흥미롭게도 상담실을 운영한 지 한 1년쯤 지나자 주로 교우관계나 교사와의 관계 등 관계상의 어려움이 있는 학생이나 폭력 등 외현화된 행동문제로 고민하는 아이들이 나에게 많이 찾아왔다. 교육심리학 전공 교사에게는 우울, 불안 등의 고민을 가진 아이들이, 그리고 교육학과 철학을 전공한 교사에게는 진로문제를 가진 아이들이 찾아와서, 자연스럽게 아이들이 우리 전공에 따라 상담 영역과 역할을 나누어 준 셈이 되었다.

둘째로는 학생회 리더십 프로그램을 운영한 것이다.

우리 상담실의 세 명의 교사가 같이 프로그램을 기획해서 운영했다. 이때 초기 라포 형성 단계는 교육심리학을 전공한 선생님이 맡아서 하고, 학급회의 진행법 교육 등은 교육학을 전공한 선생이, 그리고 학급 내 문제해결을 위한 역할극을 활용한 집단활동 같은 것은 내가 진행했다. 일종의 집단 개입을 기획해서 운영한 것이다. 당시로서는 드문 시도로서 학생회 리더십 프로그램을 통해 학생들이 자주적으로 토론하고 책임 있게 학교생활에 참여하는 민주적 풍토를 만드는 데 기여했다고 생각한다. 이렇게 훈련된 학생회 임원들은 이후 학급 내 사물함 설치를 위한 자치활동(학생들이 교감 선생님을 학급회의에 모시고 사물함 필요성에 대한 조사 발표, 학교에 사물함 설치 전교생 청원서 제출 등)을 스스로 하기도 하였고, 그 성공의 경험을 바탕으로 학생회장 직선제 추진 활동을 자체적으로 시도하기도 했는데 상담실이 활동의 구심점 역할을 하였다.

셋째로는 내가 학생들과 '사회문제 연구반'을 운영한 것이다.

나는 학생들도 청소년 문제나 환경 문제 같은 사회문제에 대한 인식을 갖는 게 중요하다고 생각하여 학생들 스스로 주제를 정해서 연구하고 토론하는 동아리를 운영했다. 이때 특별한 경험은 학생들이 체벌과 인권 문제를 연구하고 연극을 만들었던 것이다. 제목이 '제발제발(우리를 때리지 마세요)'이었다. 아이들 스스로 노래도 만들어서 부르고 연극 공연을 했다. 나는 지금도 그 연극 대본을 간직하고 있다. 그뿐 아니라 체벌을 찬성하는 교사와 반대하는 교사를 초청해서 토론회도 열었다. 대단하지 않은가. 그런데 그일 이후 사회문제연구반은 완전히 '사회문제반(!)'으로 찍혀 버렸다. 교사들은 거기서 활동하는 학생들을 불만, 반항의 위험분자 보듯 의심의 눈초리로 바라봤다. 그래도 이 동아리는 꽤 오랫동안 지속되었다.

넷째로는 반포복지관과 연계한 진로지도 프로그램 운영이다.

나는 한 학년 전체를 대상으로 하는 진로지도 프로그램을 구상하면서 지역사회의 서초구립 반포사회복지관과 연계해서 하루 종일 풍성하게 해 보고 싶었다. 그것도 그냥 한 반에 누구 한 사람이 들어가서 짧게 특강이나 하는 형식으로는 하고 싶지 않아서 사회사업에서의 그룹워크(집단개입) 형식을 적용하기로 했다. 즉, 고등

66

　관계가 학교사회복지에서 얼마나 중요한지! 학생과 교사와 학부모와의 관계, 그들에 대한 나의 기대, 신뢰로 형성된 튼튼한 관계. 결국 그것을 통해 효과와 변화를 얻는다. 그 관계의 질은 학생 안에 남아 전해져서 학생의 다양한 생활 그리고 이후의 인생에도 영향을 미친다. 나는 학교사회복지에서 다른 무엇을 시도하든 '관계'가 가장 먼저여야 하고, 가장 바탕이 되어야 하며, 가장 중요한 부분이라는 것에 대한 생각은 변함이 없다.

99

학생들이 관심대로 모둠을 만들면 거기에 대학원생들이 보조지도 자로 들어가서 도와주는 것이다. 나는 반포사회복지관 사회복지사들과 진로지도 프로그램을 기획하였다. 그때 우리가 많이 고민한 것은 '사회복지 전공자가 만든 진로지도 프로그램은 일반 교사나 교육청에서 제작·배포한 것과 어떻게 달라야 할까'였다. 한 학년을 대상으로 한날 동시에 프로그램을 진행하기 위해서는 자원봉사자 45명(15학급×3명)이 필요했는데 이것을 반포복지관이 모아 주었고 우리는 학교에서 그들에게 미리 사전교육을 했다. 진로지도 프로그램 당일에는 복지관 문을 하루 닫고 복지관 전 직원이 자원봉사자들과 함께 학교에 와서 진로지도 프로그램을 운영했다. 복지관으로서는 큰 품이 드는 일인데 함께해 주어서 정말 고마웠다. 그 당시 귀한 프로그램에 대한 구체적인 기록과 효과성에 대한 연구가 되지 않은 것이 너무나 아쉽다. 하지만 이 프로그램을 위하여 자원봉사자로 온 사회복지 전공 대학생, 대학원생들에게 '아, 학교에서도 사회복지를 할 수 있구나!' 하는 것을 보여 주는 계기가 되었고, 45명이나 되는 전국의 예비사회복지사들이 직접 학교에 들어와서 사회사업 실천을 체험하고 현장을 보았다는 점에 큰 의미가 있다고 생각한다. 그 당시 자원봉사자로 교육받고 활동한 분들이 현재 학교사회복지 현장에서 활동하는 경우도 있다.

다섯째로는 상담실에서 학교규율 안내 책자를 만들어서 신입생 대상 학교안내(오리엔테이션) 때 활용하도록 한 것, IMF 시기 귀국 학생 대상 학교적응 프로그램을 개발·운영한 것, 학기 초 전입생 적응 집단 프로그램, 학생지도가 처음인 신임교사 대상의 집담회와 자조모임을 운영한 것 등의 활동이다. 또 흡연이나 폭력 으로 학생이 의뢰되면 상담실에서 지도하고 있다가 저녁 때 어스 름해지기를 기다려서 적절한 시점에 심리극(사이코드라마)을 하기 도 했다. 심리극은 심리학 전공 교사가 주 진행자가 되었으며 나 와 교육학 전공 교사는 보조 진행자로 활동하였다. 학교생활 부적 응 학생들은 심리극을 통해 자기 내면을 표현하고 카타르시스를 경험하는 시간을 가졌다. 상담실 교사 셋이 팀을 이루어서 하다 보니 다양한 것을 시도하고 서로 배우며 개입할 수 있었다.

그런데 이 3인의 상담실 체제는 오래가지 못했다. 1988~ 1989년에 거셌던 교사들의 교육민주화운동이 상황을 뒤흔든 것 이다. 내가 있던 학교에도 교육문제를 고민하는 교사들이 삼삼오 오 상담실에 모여 책 읽고 토론을 했다. 사회 대다수가 반감을 갖 고 비판하던 강남 부유층 거주지역에 위치한 학교 교사로서 우리 는 사회 엘리트층으로 성장할 가능성이 높은 학생들에게 정의와 진실을 추구하는 마음을 심어 주자고 다짐하며 스스로를 위안했 다. 그러나 이런 분위기에 불안을 느낀 교장은 상담실에 교육심리 학 전공 교사 한 명만 남기고 나와 또 한 교사를 담임으로 배치해

버렸다. 그렇게 해서 3인 체제의 상담실은 해체되고 말았다. 하지만 1998년부터 2003년까지 나는 다시 상담주임이나 상담부장의 직책을 맡아 앞에서 소개한 학교 내에서의 다양한 학교사회복지 실천을 주도적으로 기획 · 실행하였다.

학교사회사업실천가협회(학교사회복지사협회)와의 연결

1997~1999년에는 학교사회복지와 관련해서 학회도 만들어지고 여러 가지 움직임들이 일어났다. 1990년대 중후반에 여러 사회복지학 교수님들이 정부와 교육청에 학교사회사업을 제안하려고 했다. 전해들은 바에 의하면 어느 한 회의에서 '지금 학교 안에 들어가 있는 사회복지사 누가 있나' 하고 찾게 되었다고 한다. 서로 알고 있다거나 들은 바 있다고 이야기를 나누고 보니 그들이 알고 있던 사람이 바로 나였다고 전해 들었다. 그래서 내가 그분들 앞에서 내 실천 경험을 들려드렸던 기억이 있다. 그러고 나서 최경일 학교사회복지사(현재 한라대 교수) 등 서울시교육청 학교사회복지 시범사업을 했던 사회복지사들이 우리 학교 상담실을 방문하여 '사회복지의 초기 학교 진입과 학교 내 활동 등'에 대해 대화했었다. 그리고 나는 2000년 8월 속리산에서 학교사회사업실천가협회와 학회가 공동주최한 연수에 참석하여 나의 경험을 공유했다. 거기서 발족한 실천가협회가 나중에 학교사회복지사협

회가 된 것이다.

학교사회복지가 공교육에 진입을 막 시작할 당시 중요한 주제 중의 하나는 학교 진입전략이었다. 나는 교사로서 어떻게 하면 학교의 두꺼운 문을 두드리고 한 발이라도 높은 담장 안쪽으로 집어넣을 수 있느냐 그런 것에 대해 도움을 드리고자 한 꼭지를 맡아서 강의를 했다. 그런데 대부분의 예비 사회복지사, 사회복지사들은 자꾸 교사조직(학교)과 대척점에 서려고 했다. '우리가 교사보다 낫다'는 분위기였다. 나는 사회복지사가 교사를 협력자로 보라고, 교사들도 교실붕괴니 학생문제니 해서 힘들어하던 시기니 우리가 교사보다 훌륭한 능력자인 것처럼 자만하거나 비판적으로만 보지 말고 교사들에게 '도와드릴게요, 같이 나아갑시다.' 하는 자세로 들어가는 게 좋다고 말했다. 그리고 학교라는 곳이 얼마나 다른 전문직이 진입하기 어려운 조직인지, 일단 진입을 해야 우리의 전문성을 보여 줄 수 있기 때문에 우선 진입 자체를 하는 것이 중요하다는 것을 경험자로서 알려 주려고 했다. 그때 모인 사람들의 뜨거운 열정은 대단했다. 그게 지금까지 학교사회복지를 밀고 온 것 같다. 나도 지금까지 여러분과 함께해 오고 있다.

대학 교수가 되어서

1998년에 내가 사회복지학 공부(박사과정)를 다시 시작하면서 담임을 그만두고 상담부장(주임)의 위치에서 상담실에서 일했다. 상담부장이 되어서 다시 전에 했던 것처럼 사회복지적 개입을 마음 놓고 다시 시도했다. 2003년에 청소년 우울을 주제로 쓴 논문(「중·고등학생이 지각한 성역할정체성과 우울에 관한 연구」)이 통과되어 박사학위를 받고 꽃동네대학교에 자리를 잡았다.

그즈음 학교사회복지사 자격제도에 대한 이야기가 자주 거론되었다. 2000년이 지나면서 여러 곳에서 학교사회복지 실천이 시도되고 있는 상황에서 학교 내 사회복지사가 학교 내에서 전문성을 인정받고 일하려면 상당한 자질과 지식, 역량, 학교에서의 실습 경험을 갖추어야겠다는 각성이 일어난 것이다. 그래서 나도 다른 분들과 함께 자격관리위원회, 제도화추진위원회 위원으로 활동했고 2010~2011년에는 2년간 학교사회복지학회장을 역임했다. 그리고 제1회 첫 자격시험을 현대고등학교에서 보도록 장소를 섭외해 주기도 했다.

이후에는 교육부의 연구학교사업(2004~2006년; 학교폭력예방 및 교육복지 증진을 위한 사회복지사 활용 연구학교)과 이것을 이어받은 복지부·교육부 공동사업(2007~2008년)에서 슈퍼바이저로 주로 충북 지역 학교사회복지사들을 지원했다. 이때 지원이라 함은 학교사회복지사들에게 효율적인 개입 방법, 학교 조직 내 적응 방법 등을 자문했을 뿐 아니라 학교장들을 만나 학교사회복지의 존재와 전문성을 인식시키는 일 등을 말하는데 후자는 결코 만만치 않았다. 대부분의 학교장들은 사회복지사가 왜 학교에 들어와야 하는지 자꾸 의문을 제기했고 여전히 학교 내 전문가는 교사뿐이라는 의식에서 벗어나지 못했다.

2003년에는 교육복지투자우선지역지원사업이 시범사업으로 시작되었다. 내가 교수로 있는 꽃동네대학교는 충청북도에 위치하고 있는데 2006년부터 교육복지투자우선지역지원사업을 시작하였다. 나는 2006년 초기부터 충북교육청 교육복지연구지원센터장을 맡아 10여 년간 충북지역의 교육복지 사업을 위해 연구, 평가, 자문 등의 활동을 하였다. 그때부터 지금까지 함께해 온 프로젝트조정자, 지역사회교육전문가(지금의 교육복지사) 등 10여 명과 충북교육복지연구회를 조직하여 자체적 국내·외 연수, 연구, 프로그램 개발 등을 함께 하고 있다.

학교사회복지 관련하여 특별히 기억나는 사람이 있나요?

현대고등학교 정희경 교장

제일 먼저 생각나는 고마운 사람은 정희경 교장이다. 내가 현대고등학교 교사가 될 수 있었던 것도, 다른 분야 석사학위를 가진 교사들과 함께 3인의 팀 체제로 상담실을 구성해서 일하도록 해준 것도 다 정희경 교장 덕분이었다. 내가 들어간 이듬해에 학생들이 3개 학년으로 완성되었는데 나로부터 시작해서 매해 상담실 소속 교사를 1명씩 늘려서 3명으로 완성했다. 교육학 석사인 윤리교사, 교육심리학 석사인 윤리교사, 그리고 사회복지학 석사로 영어교사인 내가 같이 상담실에 배치되었다. 그리고 상담실 교사들에게는 수업시수를 부장급인 주당 14~15시간으로 파격적으로 줄여주어서(그 당시 고교 교사의 책임 시수는 주당 18시간이고 20시간까지 하는 학교들도 많았다.) 개별상담과 집단상담 및 집단활동을 마음 놓고 할 수 있었다. 교장은 교실 한 개 크기의 공간을 상담실로 안배할

테니 어디가 상담실 위치로 최적인지 나보고 정하라고 했을 뿐 아니라 상담실의 내부 인테리어를 완전히 내게 맡겨 상담실의 기능에 맞게 내부 구조를 갖출 수 있게 배려하였다. 그뿐이 아니다. 앞에서도 말한 바 있지만 매월 1회 사례회의case conference를 하도록 했으며 각 분야에서 가장 유명한 인사를 모셔서 매달 슈퍼비전을 받게 해 주었다. 그래서 상담실 교사들끼리 협의하여 매월 한 상담실 교사가 자신이 혼자 해결하기 어려운 사례를 발표하고 자신의 전공분야의 교수를 자문교수로 초빙하기로 하였다. 나는 박종삼 교수(사회복지)를 초청했고, 다른 분들은 이시형 박사(정신의학), 박성수 교수(교육상담) 등을 초청하여 함께 자문을 받았다. 최고의 전문가들을 통해 다른 분야에 대해서도 배울 수 있는 기회였다. 교장은 방과 후에 사례발표 장소로 교장실을 비워 주고, 학교에서 자문료를 지원해 주었으며, 교장도 같이 저녁식사를 하면서 학교 상담의 활성화에 대해 의논도 하였다. 이런 최고의 슈퍼바이저를 모실 수 있다는 것만으로도 나에게는 너무나 고마운 일이었다.

정희경 교장의 지원 사례를 회상해 보면 학교의 최고관리자인 교장이 어떤 교육관을 가지고 있느냐에 따라 학교에 사회복지가 진입하는 경로나 교직원 조직, 학교 내에서의 입지, 학생과 접하는 활동의 내용과 반경이 크게 달라질 수 있다는 걸 보여 주는 실례가 아닐까 생각한다.

실천 경험에서 무엇이 가장 중요하다고 생각하십니까?

우리의 고유한 특성은 '관계' 중심

학교 상담실 안에서 타 전공 전문가와의 활동 영역이 겹치고 역할 구분이 모호해서 이 부분이 늘 고민이 되었다. 똑 부러지게 제시할 수 있는 차이점이 무얼까. 나중에 박사과정에 들어가서 Allen-Meares 책을 보고 미국 학교사회복지 현장에서도 같은 문제를 경험하고 고민하고 있다는 것을 알았다. 학교상담사school counselor, 심리학자psychologist, 학교사회복지사school social worker, 학교 내 세 전문가의 역할의 중첩점과 상이점에 대해서 그 책에 잘 기술되어 있다. 나는 그걸 책으로 배우기 전에 일찍이 체험한 것이다. 그 속에서 나는 어떻게 무얼 가지고 타 전문가들에게, 그리고 교장과 다른 교사들에게 어필할 것인가 생각했다.

내가 직접적 학교사회복지 실천을 하면서 가장 많이 사용했던 상담이론은 Carl Rogers의 인간중심 상담 이론이었다. 교육심리학이나 상담을 하신 분들과도 소통할 수 있으면서 우리 사회복지학의 고유한 특성을 보여 줄 수 있는 것으로 Carl Rogers의 상담 철학 및 기법만 한 것이 없다고 생각하였다. 당시에 우리 학교에 자문을 오셨던 학교상담 권위자인 박성수 교수님도 Rogers를 강조하셨고 우리 상담실 교사 세 명은 다 같이 감정이입empathy의 5단계에 대한 세미나를 서울대학교 학생상담센터에 가서 받기도 했다. 학교사회복지 실천 활동은 Rogers의 상담과 많은 부분에서 통한다. 특히 관계론에서 그렇다. 그래서 학교사회복지 실천 초기 당시에 다른 전공자와 어떻게 전문적 차별을 가지고 가야 하나 고민하던 차에, 나는 "아! 그래. 난 '관계'다."라고 사회복지적 차이점을 정리하고 그때부터 관계로 밀고 나갔다. 문제를 가진 학생을 무슨 무슨 장애로 범주화하는 다른 전공자와는 관점을 달리했다. 실천을 하면 할수록 관계의 중요성과 사회복지적 성격에 대해 점점 더 확신을 갖게 되었다. 관계가 학교사회복지에서 얼마나 중요한지! 학생과 교사와 학부모와의 관계, 그들에 대한 나의 기대, 신뢰로 형성된 튼튼한 관계. 결국 그것을 통해 효과와 변화를 얻는다. 그 관계의 질은 학생 안에 남아 전해져서 학생의 다양한 생활 그리고 이후의 인생에도 영향을 미친다. 나는 [나중에 청소년에 효과적인 기법으로 알려진 현실치료와 교류분석이론(TA) 등도 공부하였고 활용도 하였지만] 학교사회복지에서 다른 무엇을 시도하든 '관계'가

가장 먼저여야 하고, 가장 바탕이 되어야 하며, 가장 중요한 부분
이라는 것에 대한 생각은 변함이 없다. 믿음, 신뢰, 기다림, 조급
해하지 않는, 그런 것들이 차곡차곡 쌓여서 관계가 탄탄해지고 유
지되는 것이다. 그 관계를 통해 진정한 사회복지 실천이 이루어질
수 있다고 본다.

지금 학교사회복지에서
가장 시급히 해야 할 일은
무엇일까요?

한국 학교사회복지의 정의를 새로 쓸 때

외국의 학교사회복지사 역할을 한국에 그대로 이식하려 하지 말고 한국에 알맞은 학교사회복지는 어떠해야 할지에 대해 충분한 숙고와 합의가 필요하다. 학교사회복지에 대한 유일한 불변의 정의는 없다고 본다. 교과서적 정의를 떠나 한국의 학교 상황에서 다른 분야 전문가들도 이해하고 합의할 수 있는 한국적 학교사회복지의 정의가 필요하다.

사회적 여건과 교육 제도나 학교 환경이 학교사회복지가 소개되던 2000년 전후와 달라진 점도 많다. 2008년에 위클래스가 생겨서 이제 '상담' 하면 다들 위클래스를 생각한다. 위클래스 상담 체제는 학교와 교육청 시스템 안에 자리를 잡은 것 같다. 그런데 교육복지우선지원사업이 15년 이상 계속되면서 사회복지사는 학교 안에서도 빈곤가정 학생들만 상대하는 것으로 축소된 느낌이 있다. 모든 학생을 환경 속의 인간이면서 독특하며 고유한 인간으로 바라보고 접근하는 사회복지적 실천방식을 잘 찾아서 새로운 학교사회복지의 정의, 학교사회복지사의 역할을 잘 정의해 나가야 할 때인 것 같다. 혼자서는 힘들다. 슈퍼바이저나 동료들과 함께해야 한다. 그러나 그것마저도 본인이 끊임없이 새로워지고 성장하려는 마음으로 찾으려고 노력하지 않으면 아무런 발전이 없다.

06
노혜련

숭실대학교 교수
한국학교사회복지사협회 이사장
전 서울시교육청 학교사회사업 시범사업 자문위원
전 공동모금회 기획사업 학교사회사업 전문위원
전 과천청소년상담실 학교사회사업 특별운영위원장

학교사회복지와의 첫 만남은 어떻게 이루어졌나요?

대학원생 윤철수

이화여대에서 사회사업을 전공하고 이후 홀트아동복지회에서 약 1년 반, 미8군에서 약 1년간 일했다. 이후 미국으로 건너가 UC버클리대학에서 사회사업학 석사학위MSW를 취득한 후, 미국 입양기관과 스탠퍼드대학 학생정신건강 클리닉에서 일하다가 다시 같은 대학원에 돌아가 박사학위를 마치고 돌아와 1995년부터 숭실대학교에서 교수로 재직하고 있다. 원래 미8군 시절부터 가족치료를 실천해 왔기 때문에 유학 후 귀국한 다음부터 곧바로 가족치료학회에 참가했고 거기서 해결중심 접근을 알게 되었다. 학교사회사업을 따로 공부한 적은 없었는데 아주 우연한 기회에 접하게 되었다.

숭실대학교에서 교수로 재직하면서 만난 대학원생 중에 윤철수란 사람이 있었다. 꽤 능력 있어 보이는데 석사를 졸업하고도 취업하지 않고 박종삼 교수님 연구실을 들락거리고 있었다. 물어보니 자신은 학교사회사업을 하고 싶어서 그런다고 했다. 결혼한 가장이 돈을 어떻게 벌려고 그러는지 걱정이 되었다. 마침 숭실대학교에서 연구비를 지원한다기에 그럼 학교사회사업을 직접 실천해 보고 연구논문을 써 보자고 제안했다. 우리는 힘들게 중학교 두 곳을 섭외해서 한 학교에서는 '상주형 학교사회사업'을, 또 다른 학교에서는 '사회복지관 파견형 학교사회사업'을 시행하게 되었는데, 그때 내 대학원 수업을 듣던 학생 중 5명이 참여하고 윤철수 선생이 슈퍼비전을 주었다. 그때 자원한 대학원생 중에는 당시 중앙대학교 학생이던 김상곤 교수와 김주미 선생도 있었다. 이게 1995년의 일이다. 1년 동안 열심히 해서 좋은 성과가 있었지만, 연구논문까지는 쓰지 못해 기록이 남아 있지 않아 아쉽다.

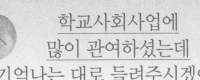

학교사회사업에
많이 관여하셨는데
기억나는 대로 들려주시겠어요?

1996년 교육부의 학교사회복지 시범사업

1995년에 국민복지기획단에서 새로운 복지정책 구축을 위해 분야별 전문가 의견을 청취하는 자리가 있었는데 내게 아동복지 중 가장 중요하다고 생각하는 사안을 선정해서 발제할 기회가 주어졌다. 그때 학교사회사업의 필요성을 이야기했다. 내 발표가 끝나자 국민복지기획단의 위원이었던 이혜경 교수가 학교사회사업 시범사업을 해 보자고 제안하였다. 그래서 교육부가 1996년부터 서울, 대구, 대전, 광주에서 1개교씩 선정해 학교사회복지 도입을 위한 시범사업을 시행했다. 나는 그때 시범사업에는 관여하지 못했다. 나중에 알고 보니 이 사업은 예산도 연 500만 원밖에 되지 않았고, 사회복지사는 주 2회 시간제로 학교에 가서 잠깐씩 상담 활동을 하거나 마땅한 사회복지사가 없으면 교사가 하는 정도로 하다가 흐지부지 끝났다. 하지만 교육부가 처음으로 학교사회복지 제도화를 위해 시범사업을 했다는 점에서는 의의가 있다고 본다.

서울특별시의회 지원 학교사회복지 연구사업

우리나라에서 공식적인 학교사회복지는 1996년 7월, 서울특별시의 연구사업에서 시작했다고 생각한다. 어느 날 대학 동기인 시립대 김연옥 교수가 전화해서 서울시의회에서 학교사회사업을 위한 예산을 받게 되었다고 했다. 마침 그때 김연옥 교수의 친척 한 분이 서울시의회 의장이었다. 서울시의 예산을 받으려면 연구소가 필요해서 서울대사회복지연구소 소장 김상균 교수가 책임연구원으로 위탁받는 것으로 하고 서울대학교 박사과정 학생이던 이상균 선생(현 가톨릭대 교수)이 함께하게 되었다. 이때의 연구사업 정식 명칭은 '학생비행 예방 및 선도를 위한 복지 프로그램 개발에 관한 연구'로 1년짜리 사업이었다. 학교는 영등포여상(슈퍼바이저 노혜련 교수, 사회복지사 윤철수)과 연북중학교(슈퍼바이저 김기환 교수, 사회복지사 김영화), 광신고등학교(슈퍼바이저 김연옥 교수, 사회복지사 이상균)까지 해서 세 학교로 정했다.

이때 영등포여상에서 아주 많은 성과가 있었다. 연구사업을 마칠 무렵에는 학교 측에서 윤철수 선생에게 학교에 상담실장으로 남아서 약 3년간 학교사회복지 활동을 이어 갈 것을 부탁했고, 내게는 4명의 시간제 학교사회복지사를 더 뽑고 싶으니 졸업생 중에서 추천해 달라고 하였다. 그래서 4명을 추천했는데, 그중 2명만 고용되었다. 그래서 국내 최초로 학교에서 고용한 학교사회복지사가 3명 탄생하였다. 영등포여상에는 김주미 선생이, 같은 재단인 한가람고등학교에는 이혜주 선생이 학교사회복지사로 근무하게 되었고, 윤철수 선생은 두 학교를 총괄하는 슈퍼바이저 겸 상담실장이라는 직책으로 근무하게 되었다.

서울특별시교육청의 시범사업

2000년 3월부터는 서울특별시교육청의 생활지도 시범사업을 시작하게 되었다. 이 사업은 서울시교육청 김성심 장학사의 감독하에 5개 중·고등학교에 학교사회복지사를 배치하였고, 김기환, 노혜련, 윤철수 세 사람이 슈퍼바이저로 참여하였다.

이 사업도 참 우연히 이루어졌다. 이때는 처음 교육부 연구학교 때와는 달리 서울특별시의회 지원 학교사회복지 연구사업의 성과를 담은 연구보고서가 있었고, 연구사업을 시행하던 시기와 그 이후 영등포여상과 한가람고등학교에서 매주 이틀씩 1년간 집중적으로 학교사회복지 실습을 마친 대학원생들이 있었기에 시범사업에 대한 요청이 있을 때 곧바로 대응할 수 있었다.

어느 날 사회복지협의회 이사회를 마치고 식사를 하는데 내 앞

2000년 서울특별시교육청시범사업 보고회에서 슈퍼바이저였던 노혜련 교수와 김기환 교수, 학교사회복지사 및 실습생들

에 서울시의회 홍승채 의원이 앉았다. 그분은 당시 시의회 문교·복지위원장이었는데 한양대학교 대학원에서 사회복지를 공부했다고 하기에 학교사회복지 연구사업에서 경험한 효과에 관해 이야기하자 매우 흥미로워하였다. 학교사회복지사업에 관한 보고서가 있으면 보여 달라면서 1억 원 정도면 5개교에서 1년간 사업을 할 수 있느냐고 물었다. 당시는 체벌 금지가 퍼지면서 학생 생활지도가 중요한 이슈였고 교실붕괴라는 말이 언론에 회자되던 시기였기에 더욱 관심을 보였던 것으로 생각한다. 그날이 마침 서울시의회에서 추경예산을 심의하는 날이라고 연구보고서를 당장

볼 수 있느냐고 해서 부랴부랴 이상균 선생에게 오토바이로 서울
시의회에 학교사회복지 시범사업 보고서를 보내 달라고 부탁했
고, 바로 그날 1억 원의 예산을 학교사회복지 시범사업을 위해 배
정받을 수 있었다. 이로써 서울시교육청이 직접 시범사업을 운영
하게 되었다.

이때에도 연구사업을 할 때 함께했던 김성심 장학사가 서울시
교육청에 계속 근무하고 있어 수월하게 준비할 수 있었다. 우리는
시범사업을 해 줄 학교와 학교사회복지사로 일할 인력을 물색하
기 위해 나섰다. 시범사업 1기의 사업학교로는 남강중, 동마중,
당곡고, 송파공고, 은평공고 5개교를 선정했고 학교사회복지사로
는 주로 영등포여상과 한가람고등학교에서 실습을 마친 석사 출
신 사회복지사 중에서 배치했다. 첫 시범사업은 1년간으로 정해
졌지만, 실제 사업기간은 2000년 3월부터 연말까지 10개월에 지
나지 않았고 예산도 매우 적었다. 사회복지사가 낯선 학교에 들어
가서 학교사회복지실을 마련하고 교사, 학생, 학부모에게 학교사
회복지사가 무엇을 하는 사람인지 알리고, 학교 구성원과 친숙해
지는 시기를 거쳐 막상 사업을 펼칠 만하면 여름방학이 되었고,
2학기 개학을 하면 곧 11월에 있을 보고회를 준비해야 했으니 실
제로 학교와 지역사회에서 안정적으로 학교사회복지 실천을 하
기는 힘든 상황이었다. 게다가 당시는 과원 교사 문제, 새롭게 출

발한 전문상담교사제도, 사범대 학생의 취업난 등과 같은 교사조직 내 불안요소가 있어서 사회복지사가 학교에 들어오면 교사들의 일자리를 잠식하는 것이 아니냐는 의심과 거부의 눈초리가 심했다. 하지만 5개교 학교사회복지사와 3명의 슈퍼바이저는 다 같이 모여서 궁리하고 좋은 방법을 개발하고 공유하면서 재미있게 일했다. 매월 학교를 순회하면서 각 학교의 사업 담당 부장교사와 슈퍼바이저, 학교사회복지사가 모여서 함께 사례회의와 슈퍼비전 시간을 가졌다. 시교육청이 하는 시범사업에서는 이전 연구사업과 달리 사업을 담당한 교사에게 승진가산점을 부여했다. 그래서 부장교사들이 더 열심히 참여한 것 같다.

학교당 사업비라야 인건비를 포함해서 연간 2,000만 원에 불과했지만, 이 짧은 기간 우리 모두의 열정과 협력으로 많은 변화를 목도했다. 학교폭력과 흡연율이 줄고 결석생과 자퇴생이 줄어들었다. 연말에 사업 보고서를 만들고 주변 학교장과 교사를 초대해서 보고회를 하니 많은 사람에게 알려지게 되었고, 점점 '네트워크'란 말이 학교체제에서 익숙해졌으며, 우리 사업을 본뜬 프로그램이 많이 생기게 되었다. 그리고 현장 여건을 고려해서 2002년 3차 시범사업부터는 사업 기간을 2년으로 늘리게 되었고, 이는 2007년 12월에 5차 시범사업으로 종료할 때까지 계속되었다. 처음에 '생활지도 시범사업'으로 출발한 사업명도 2004년부터는 '학교사회복지 시범사업'으로 변경되었다.

서울시교육청 시범사업은 처음 5개교 5명이 일하다가 이후 2년짜리로 연장되면서 4개교에 학교사회복지사 4명이 일해서 학교사회복지사업이 줄어드는가 싶기도 했다. 그러나 영등포여상과 한가람고에 각각 한 사람씩 있었고 나중에 김성심 장학사가 교장으로 나간 학교에 학교사회복지사를 채용했으며, 차츰 사회복지공동모금회 기획사업, 위스타트 사업 내 학교사회복지사업, 교육부의 학교사회복지사 파견 연구학교 등으로 번져 가게 되었다.

사회복지공동모금회 기획사업

이전부터 아동복지 문제 등으로 안면이 있는 이태수 교수와 학교사회복지사업에 관해서도 이야기를 나눈 적이 있었는데, 학교사회복지의 그 중요성을 느낀 이 교수는 사회복지공동모금회 배분위원으로 활동할 당시 학교사회복지 기획사업을 제안하고 만들어 내는 데 성공하였다. 그때 기획사업의 학교사회복지 운영모형을 어떻게 할 것인지를 놓고 논의 끝에 사업학교가 학교사회복지사를 직접 채용하는 '학교 상주형'과 사회복지관에서 학교로 복지사를 파견하는 '복지관의 학교 파견형' 두 가지로 가닥이 나왔다. 윤철수 교수 등 학교 안에서 학교사회복지를 일정 기간 직접 경험한 사람은 '학교 상주형'이 적절하다고 생각했지만, 1995년 무렵부터 삼성복지재단의 '작은나눔 큰사랑' 사업으로 사회복지관 사회복지사가 인근의 학교에 방문해서 프로그램을 운영하기도 했으므로 그 모형도 시도해 보자고 한 것이다. 막상 운영해 보니 '학교 파견형'은 많은 어려움에 봉착했다. 학교사회복지사가 학교와 사회복지관 두 주인을 섬겨야 하는 상황이 된 것이다. 여러 해 진행한 전국단위 기획사업의 경험을 통해 우리는 사회복지관이 시행하는 학교 연계 프로그램의 장점도 있지만, 학교사회복지 제도화의 목표는 '학교 상주형'이어야 한다고 확신하게 되었다.

과천시 학교사회복지사업

그 외에도 내가 과천에 살 때 과천 시의원으로 활동하던 대학 선배의 도움으로 과천시에서 학교사회복지사업을 시작할 수 있었다. 2003년부터 처음에는 '학교 상주형'으로 초등학교 한 곳과 중학교 한 곳에서 시작했는데 얼마 지나지 않아 시에서 이 사업을 청소년상담센터에 위탁하면서 '학교 파견형'과 같은 형태를 띠게 되었다. 청소년상담센터에서도 처음에는 '학교사회복지 특별운영위원회'를 두고 내가 특별운영위원장으로 있고, 김상곤 교수도 위원으로 참여하면서 학교사회복지의 특수성을 유지하게끔 슈퍼비전을 제공하였다. 하지만 청소년상담센터에서 어느 시점부터 특별운영위원회 소집을 하지 않으면서 더는 영향력을 발휘하기 어려운 상황이 되었다. 현재도 과천시 모든 학교에 학교사회복지실이 있는 것으로 아는데 학교사회복지보다는 상담 쪽으로 더 많이 기울어 있는 상태라 아쉬운 면이 있다.

교육부 학교사회복지사 파견사업

사회복지공동모금회에서 학교사회복지 기획사업을 하면서 이태수 교수와 여러 번 만나게 되었는데, 이태수 교수의 대학교 스승 안병영 교수가 교육부장관이 되면서 함께 교육부에 들어가서 만날 기회를 얻게 되었다. 당시는 학교폭력이 심각했던 시기로, 장관과의 만남을 통해 그 문제를 해결하는 한 방안으로 학교사회복지사를 학교에 파견하는 시범사업을 시작하기로 했고, 준비 기간을 거쳐 2004년 5월부터 시작하였다. 이때 김상곤 학교사회복지사협회장과 함께 전국에 학교사회복지사를 고용하고 지역의 대학 교수를 중심으로 슈퍼비전을 제공하는 체계를 만드느라 분주했던 기억이 난다. 시간도 촉박한데 지방에는 준비된 학교사회복지사도, 슈퍼바이저가 되어 줄 교수도 부족했다. 비슷한 시기에 서울시교육청 시범사업과 공동모금회 사업도 진행 중이어서 정말 바쁘게 일했던 것 같다. 과천시 학교사회복지사업을 포함해서 서로 다른 학교사회복지사업 4개가 동시에 진행될 때도 있었는데, 각 사업을 위해 한 달에 한 번씩만 슈퍼비전을 다녀도 거의 매주 슈퍼비전을 다녀야 했다. 특히 교육부 학교사회복지사 파견사업을 시작한 이후에는 전국으로 참 많이 다녔다. 첫해에 16개 광역시·도에 초·중·고 3개교씩 48개교를 선정해서 사업을 시작했고, 2년 차에는 2배수인 96개교로 늘렸으며, 교육부에서 3년 하고 나중에는 보건복지부와 같이 2년 더 하였다.

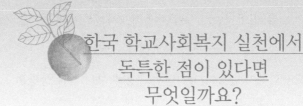

한국 학교사회복지 실천에서 독특한 점이 있다면 무엇일까요?

학교사회복지사는 교사가 아니다

초기에 교사들은 우리 학교사회복지사도 결국은 교사로 자리 잡으려는 것이 아니냐고 의심하고 경계했다. 사실 요즘은 학교 안에 교육복지사가 많아지면서 실제로 교사 직함은 아니지만 교사와 같은 지위와 신분을 바라면서 학교사회복지사가 되려는 사람도 있는 것 같다. 그런데 사회복지사가 교사가 되면 학교에서 전혀 도움이 안 되는 존재가 된다. 처음부터 우리는 교사는 하라고 해도 안 할 것이라고 했다. 우리의 전문성은 학생 복지를 위해 교사를 지원하고 협력하는 것임을 계속 강조하였다.

학교사회복지실

1990년대 초부터 국내에 학교사회복지 현장은 없어도 외국의 학술 논문이나 자료를 보고 발표한 문헌들이 있었다. 현장이나 실천 경험은 별로 없었지만, 1997년에 학교사회복지학회도 발족했다. 초기에는 주로 미국 책을 참고했다. 그런데 우리나라에도 차츰 학교사회복지 현장이 생기면서 적용해 보니 한국 상황은 미국과 아주 달랐다.

그중 대표적인 것이 학교사회복지실(이하 '복지실')의 기능이다. 우리나라에서 복지실은 학생에게 쉼터나 안식처 역할을 한다. 이런 기능은 외국에서는 찾아볼 수가 없다. 복지실은 일반 교실과 달리 외부에서 보기에도 예쁘게 꾸며져 있지만, 내부의 아기자기하고 편안한 물리적 환경과 학교사회복지사가 조성하는 따듯한 심리 · 정서적 분위기로 인해 교실은 물론 교무실이나 상담실과는 아주 다른 곳이 되었다. 우리나라 학교 환경이 전반적으로 좀 딱딱하고 삭막한 경향이 있었으므로 복지실은 아이들이 편안하게 와서 쉬고 치유할 공간이 될 수 있게 애쓴 결과이다.

영등포여상의 윤철수 선생이 처음 복지실을 꾸밀 당시에는 학교의 상담실이 규칙을 어겼거나 뭔가 행동을 잘못한 학생이 가서 혼나는 곳이라는 이미지가 강했다. 그래서 학생들에게 그런 부정적인 이미지를 주지 않으려고 아예 복지실의 문패를 영어로 'School Social Work'라고 써서 달아 놓았다. 그러자 학생들은 영어만 보고 복지실을 영어 원어민 교사가 있는 곳으로 오해하기도 했다. 이처럼 학생들이 학교사회복지사를 친숙하고 편안하게 다가갈 수 있는 사람으로 인식하게 하는 데 다소 어려움이 있었다. 그래서 윤철수 선생은 아이들이 복지실을 편하게 찾아오게 끔 사탕을 나눠 주기도 하고, 생일축하 이벤트를 하기도 하고, 보드게임 등을 마련해 놓기도 했다. 그러자 복지실은 점차 학생들이 쉬는 시간마다 찾아와서 친구들과 놀거나 쉬고 갈 수 있는 즐거운 곳이 되었고, 학교사회복지사는 학생들에게 편히 이야기할 수 있는 친근한 존재가 되었다.

학교사회복지사는 복지실 안에서 학생들을 관찰하거나 일상적인 대화를 나누면서 자연스럽게 학생들이 겪는 다양한 어려움을 알게 되었고, 도움이 필요한 학생들에게 낙인감 없이 개입할 수 있는 계기가 생기곤 했다. 이후에는 교사들도 놀러와 학생들이나 자신의 문제를 이야기하면서 도움이 받은 곳이 되기도 하였다. 이러한 경험이 공유되면서 다른 학교사회복지실을 꾸밀 때도 아이들 눈높이에서 편한 공간이 되게 한 것이다. 각 학교의 학교사회복지사는 종종 학교사회복지실의 명칭을 학생 대상 공모로 정하곤 했는데 '오아시스' '행복쉼터'라는 이름이 가장 많이 나왔다. 이를 보면 복지실이 아이들에게 어떤 의미였는지 짐작할 수 있다. 이는 외국에서는 찾아볼 수 없는 사례이다. 학교사회복지사는 늘 자신이 최우선으로 생각하고 봉사해야 할 학생을 살피고 학교와 가족, 지역사회를 바라보면서 어떻게 하는 것이 바람직할지 다양한 방법을 모색해서 실천하는데, 그렇게 하다 보니 우리나라만의 독특한 학교사회복지 실천방법을 개발하게 되었고, 이런 것을 슈퍼비전을 통해 널리 공유한 것이다.

학교사회복지와 관련해 특별히 생각나는 사람이 있다면?

윤철수 학교사회복지사협회 초대 회장

첫째는 역시 윤철수 선생이다. 그는 내가 학교사회복지에 관여하게 한 사람이다. 정말 열심히 했고, 많은 것을 같이 해냈다. 그와 함께 김주미 선생, 최경일 선생 등 유능한 학교사회복지사를 발굴할 수 있었다. 최경일 선생은 학교사회복지가 미래를 전혀 예측할 수 없는 황무지였던 시기에 자신이 정규직으로 일하던 복지관에 사표를 내고 나와 학교사회복지에 투신했다. 나중에 윤철수 선생 부친이 가진 사업체 건물 한 칸을 내어 주셔서 거기서 수년간 협회 사무국장으로도 일했다. 다들 보수도 형편없었는데 그런 것에 좌절하지 않고 열정적으로 일했다. 1년, 2년이면 시범사업이 끝나는 줄 알면서도 열심히 했다. 그런 열정이 윤철수 선생을 중심으로 학교사회사업실천가협회를 만들게 했고, 그것이 지금의 학교사회복지사협회가 되었다. 교육부에서 교육복지투자우선

지역지원사업을 시작할 때에도 윤철수 선생이 학교사회복지 경험자로서 관여하게 되었다. 그때 교육복지사업 실무자로 사회복지사가 잘할 수 있다는 것을 역설했고 실제 강서 지역에 학교사회복지사가 여러 명 들어가서 큰 성과를 내기도 했다.

김상곤 학교사회복지사협회 2대 회장

김상곤 교수도 생각난다. 1995년 중앙대학교를 다니던 대학원생이었을 때 대학 간 학점교류로 이웃한 숭실대학교에 와서 내 수업을 들은 게 인연이 되었다. 그때 숭실대학교 연구지원비를 받아 윤철수 선생과 함께 시도했던 학교사회복지사업에 자원해서 참여하면서 학교사회복지에 입문했고, 이후 학교사회복지 발전에 크게 이바지하였다. 윤철수 선생에 이어 2대 학교사회복지사협회장으로 활동할 때 서울시 교육청 시범사업, 교육부의 학교사회복지사 파견사업, 과천시 학교사회복지사업 자문과 슈퍼비전을 위해 같이 많이 다녔던 기억이 난다. 숭실대학교에서 박사과정을 했는데 밤을 새워 이야기를 주고받으며 박사 논문을 썼다. 과천시에서 학교사회복지사업을 할 때 사윤재 선생은 초등학교에서, 주석진 선생은 중학교에서 실천하고 있었는데 청소년상담센터와 마음이 안 맞아서 고생이 많았다. 그래서 김상곤 선생과 함께 과천시 시의원도 만나고 시장도 만나면서 사업을 지원하러 다녔다. 같이 정말 열심히, 또 재미있게 일했던 기억이 난다.

보이지 않는 손

학교사회복지 초기 역사를 보면 절대 우연이 아닌 것 같은 일
이 너무 많았다. 누군가 어느 날 갑자기 전화해서 학교사회복지에
관해 물어봐서 충실히 대답하다 보면 사업이 탄생하기도 하고, 한
사람이 또 다른 사람과 연결되어 사업이 생겨나기도 하고, 예상치
도 못했는데 하루아침에 갑자기 사업 예산이 만들어지기도 하고
그랬다. 그래서 초기 경험을 얘기할 때 '보이지 않는 손'이란 표현
을 자꾸 쓰게 되는 것 같다. 신기하고 오묘하다. 여기에 일일이 다
거론하지 못한 사람도 많고, 특별한 친분이 없는데도 도와준 고마
운 사람도 많았다. 하지만 이런 우연이 학교사회복지사업으로 이
어지는 데에는 현장 학교사회복지사와 슈퍼바이저의 헌신과 노력
이 빚어 낸 결과물이 있었기에 가능했다. 초기의 그런 순수한 노
력과 열정을 기억하고, 계속해서 이어 갔으면 좋겠다.

학교사회복지를 가르치면서 주로 적용하는 이론이나 기법이 있습니까?

강점관점 해결중심 접근

나는 대학이나 대학원에서 학교사회복지를 따로 공부한 적이 없다. 대학에서 학교사회복지론을 강의하면서도 학교사회복지 교재로만 가르치지 않는다. 사회복지사로서 자신이 어떤 철학과 가치를 가졌는지를 성찰하게 하고, 청소년과 청소년 문제를 폭넓게 이해하도록 돕는 다양한 자료를 활용한다. 사회복지 전공을 통해 배우는 것은 모두 학교 현장에서도 적용할 수 있다. 학교사회복지론 교재만 공부해서는 훌륭한 학교사회복지사가 될 수 없다고 생각한다.

특히 내가 학교사회복지를 포함한 모든 사회복지 실천에서 중요하게 활용하는 방법은 강점관점 해결중심 접근이다. 강점관점 해결중심 접근은 매우 효과가 있는 방법론인 것도 분명하지만, 실천과정에서 사회복지사가 준수해야 할 인간의 존엄성과 자기결정

권에 대한 존중, 개별화 등의 윤리와 가치를 가장 잘 실현하게 해주기 때문이다. 아울러 사회복지는 개인을 환경 속의 인간으로 보는 생태학적 관점을 기본으로 하므로 개인을 돕는 과정에서 개인 자신뿐 아니라 환경의 변화도 함께 꾀해야 한다. 그래서 생태체계적 관점과 강점관점 해결중심 접근 두 가지만 있으면 어디서든 사회복지를 효과적으로 실천할 수 있다고 생각한다.

사회복지사는 결국 이용자가 있기에 존재하는 실천가임을 늘 기억하고 실천했으면 좋겠다. 사회복지사는 자신이 바람직하다고 생각하는 변화가 아니라 이용자가 원하는 변화를 이루게 돕는 사람이라는 것도 명심했으면 좋다. 우리가 모두 그렇듯이 자기 삶의 주인이자 전문가는 바로 이용자 자신이기 때문이다. 이용자가 원하는 변화는 이용자 자신에게 물어보지 않으면 알 수 없다. 따라서 이용자가 원하는 삶을 자신이 이미 가지고 있는 강점과 자원을 활용해서 자신이 원하는 방식으로 이루어 갈 수 있도록 직접 물어보고 응원하면서 끝까지 함께해 주는 학교사회복지사가 되어 주면 참 좋겠다.

해결중심 접근은 내가 숭실대학교 교수로 채용되기 전에 한국에 소개되었고, 가족치료학회를 중심으로 주목받았다. 나도 학회를 통해 해결중심 접근을 처음 접했고, 학회 동료들과 함께 해결중심 접근의 창시자 김인수 선생Insoo Kim Berg의 권유와 지원으로

66

학교사회복지사가 자신이 만들어 놓은 자원 목록 안에서 학생이나 가족에게 필요하다고 생각하는 자원을 선정해 연계하고, 학교 안에서 이루어지는 다양한 학생복지 사업을 위해 돈이나 물건, 바우처 등만을 배분하고 필요한 행정서류를 작성하는 역할만 한다면, 더는 전문성이 필요 없는 존재가 된다. 그리고 그런 일을 주로 하다 보면 어느새 학교사회복지는 누구나 할 수 있는 일이 되고, 학교사회복지사는 실천현장에서 더는 중요하지도, 필요하지도 않은 사람으로 전락할 위험이 있다. 학교사회복지사가 전문가로 남으려면 학교사회복지사로서 실천역량을 키우는 데 집중해야 한다.

99

1996년에 미국 단기가족치료센터의 한국본부를 세웠었다. 그러나 한동안 센터 운영을 지켜보던 김인수 선생은 이 센터가 실천현장이 이용자 중심으로 변화하게 돕는 데 좀 더 적극적으로 이바지하는 곳이 되길 원하였다. 이에 나와 최인숙 선생은 2002년 김인수 선생의 뜻을 따라 기존 멤버들과 분리해 미국 센터의 한국본부를 '솔루션센터'라는 이름으로 김윤주 현 솔루션센터 대표와 함께 새롭게 시작해 지금까지 이어 오고 있다.

나는 대학 졸업 후 미8군 병원에서 근무할 당시 가족치료를 처음 접하게 되었고 대학원에서도 다양한 가족치료 방법을 공부했다. 그 이후 주로 보웬의 다세대 가족치료와 구조주의적 가족치료를 활용해서 실천했는데, 해결중심 접근은 1992년 귀국한 후에야 처음 만나게 되었다. 강점관점 해결중심 접근은 하면 할수록 내가 생각하는 사회복지의 가치와 아주 잘 맞아 참 좋다. 강점관점 실천은 이용자의 문제해결 능력을 믿고, 문제보다는 강점에 초점을 맞출 필요성을 철학과 가치로 제시하고 있는데, 해결중심 접근은 바로 그러한 철학과 가치를 이용자와 실천할 때 구현할 수 있게 하는 도구를 제공해 준다. 해결중심 접근은 다른 실천방법과는 달리 이용자의 문제와 해결방법에 관한 이론이나 가설을 가지고 개발한 방법이 아니라 현장에서 실천하면서 이용자에게 도움이 되는 것은 남기고, 도움이 되지 않는 것은 버리면서 귀납적으로 구축한 실천방법이다. 결국 이용자에게 배워서 개발한 방법이다. 그렇게 하다 보니 결국 이용자는 자신의 문제를 해결할 능력이 있고, 자기 삶의 전문가라는 것을 깨닫게 되었고, 그 지점에서 강점관점 실천과 만나게 된 것이다.

우리가 만나는 이용자는 한 명도 같은 사람이 없으므로 어떤 한 이론을 획일적으로 적용하기에는 이용자는 물론 그들이 당면한 상황도 모두 다르다. 그래서 이용자가 원하는 변화와 관련된 모든 것을 이용자 자신에게 직접 묻지 않으면 알 수가 없다. 그 때문에 해결중심 접근에서는 자연히 이용자와 대화하는 과정에서 이용자가 좀 더 빨리, 좀 더 구체적으로 자신이 원하는 변화와 그것을 이루어 가는 방법을 알아 가게 돕는 데 유용한 질문기법을 개발하게 된 것이다. 그러나 해결중심 질문기법은 어디까지나 이용자가 원하는 것을 물어 가는 과정에서 활용하면 도움이 되는 질문이지, 그 질문 자체가 해결중심 접근은 아니다. 하지만 많은 사람이 예외질문, 기적질문, 척도질문 등의 해결중심 질문기법을 사용하는 것 자체가 해결중심 접근을 적용하는 것으로 오해하는 것 같다.

해결중심 접근도 이용자의 문제 해결을 돕는다는 측면에서는 다른 실천방법과 같은데, 기존 방법과 문제와 해결방법을 바라보는 패러다임이 다른 것이다. 기존 실천에서는 실천가가 전문가이므로 이용자의 문제가 무엇인지 사정하고, 문제 해결을 위한 서비스 계획을 세워서 그것대로 실천하게끔 이끌어 가고, 결과를 평가하는 절차를 따른다. 하지만 해결중심 접근에서는 이용자는 자기 문제를 해결할 능력이 있다고 믿고, 이용자의 삶에 관해서 이용자 자신보다 더 많이 아는 사람은 없으므로 문제와 해결방법에 대한 이용자의 생각을 가장 중요시한다. 보통 이용자가 처음 실천가와 만날 때는 자신이 겪는 문제에 관해서는 아주 잘 알지만 그 문제가 해결되면 무엇이 달라질지, 자신이 원하는 변화가 무엇인지에 관해서는 별로 생각해 보지 않은 상태이므로 무엇이 달라지길 바라는지 물어도 쉽게 대답하지 못한다. 그래서 실천가는 이용자가 자신이 진정 원하는 변화가 무엇인지, 자신은 어떤 방식으로 그 변화를 만들어 가고 싶은지, 변화를 만들어 가는 데 자신이 활용할 수 있는 자신과 주변의 강점과 자원은 무엇인지 알아 가는 데 필요한 질문을 해 주고, 응원하고 격려하면서 지원한다. 그러므로 이처럼 이용자의 문제해결 능력에 대한 믿음과 이용자를 알고 싶어 하는 자세를 기본으로 하는 패러다임의 전환 없이 질문기법만을 활용하면 오히려 이용자에게 불편을 주고 도움도 안 될 수 있다.

이러한 패러다임의 차이는 사례회의에서도 나타나는데, 기존 사례회의에서는 주로 슈퍼바이저가 실천가가 잘못하는 부분을 지적하고 이용자를 좀 더 잘 도울 수 있게 가르쳐야 한다고 생각하는데, 해결중심 접근에서는 사례회의에 참석한 사람 중 실천가가 만나는 이용자를 가장 잘 아는 사람은 실천가 자신이므로, 슈퍼바이저는 실천가가 지금까지 이용자와 한 일 중 도움이 된 것이 무엇이고, 앞으로 무엇을 하면 좀 더 도움이 될 수 있을지를 이용자의 입장에서 성찰해 보게 하는 데 초점을 맞춘다. 그렇게 하면 실천가가 잘못한 것을 찾아 지적하기보다는 이미 잘하고 있는 부분을 칭찬하고 강화해 줄 수 있어 실천가도 힘을 얻고, 이용자와 앞으로 무엇을 좀 다르게 해 볼 수 있을지에 관한 구체적인 아이디어가 생겨 더 잘해 보고 싶은 마음과 자신감이 생길 수 있기 때문이다.

학교사회복지에서 중요한 것은 무엇이라고 생각하십니까?

학교사회복지사라는 바로 그 사람이 중요

학교사회복지도 모든 사회복지실천과 마찬가지로 사람이 하는 일이므로 사람을 잘 키우는 것이 무엇보다 중요하다. 학교사회복지 현장에서는 학교사회복지가 결국 누구를 위해서 무엇을 하는 실천인지를 성찰하면서 자신이 지켜야 할 비전과 가치를 바로 세우고, 어떻게 하는 것이 그 비전과 가치를 가장 잘 실현하면서 이용자를 가장 효과적으로 돕는 방법인지를 늘 고민하면서 실천하는 학교사회복지사를 육성해야 한다. 그렇게 하려면 어떤 교육을 어떻게 해야 하고, 어떤 슈퍼비전 체계를 만들고, 슈퍼바이저는 어떻게 길러 낼 것인지를 숙고하고, 그렇게 하기 위해 온 힘을 다해 노력해야 한다고 생각한다.

학교사회복지사업이 지금까지 발전해 올 수 있었던 것은 오로지 학교 안팎의 사람들이 학교사회복지사가 헌신적으로 일하는 모습을 보고 이들을 통해 학생과 학부모, 학교가 변화하는 것을 보았기 때문이다. 특히 초기 학교사회복지사가 일했던 환경이나 조건은 무척 열악했는데도 정말 즐거운 마음으로 아이들을 위해 열과 성을 다해 일했기 때문에 그들은 학교에 꼭 필요한 존재라고 학교의 교직원, 학부모, 학생이 입을 모아 말을 했고, 그들의 전문성을 인정받아 사업이 계속해서 확대되어 온 것이다. 매년 다음 해에는 사업이 이어질지 아무도 몰랐지만, 그냥 아이들이 좋고, 아이들에게 필요한 일이니까 참 열심히 했다. 어떻게 하면 조금이라도 더 아이들에게 도움이 될지를 고민하면서 실천하다 보니 자연히 실천역량이 커졌기 때문에 어딜 가서도 잘 할 수 있다는 자신감이 생겼던 것 같다. 그래서인지 혹시 다음 해에 사업이 끊기면 어디서 어떤 직장을 구해야 할지 걱정하는 사람이 없었다. 초창기 학교사회복지사는 사업을 어떻게 유지하는지에 관심을 두기보다는 자신이 근무하는 학교에서 어떻게 하면 학교가 아이들이 오고 싶은 곳, 아이들이 더 행복한 곳이 될 수 있을지를 고민하고, 그렇게 만드는 데 온 힘을 기울였다. 그렇게 하다 보니 자연스럽게 주변에서 '문제가 생기면 역시 학교사회복지사가 있어야 해결되네. 학교사회복지사는 학교에 꼭 필요한 존재야.'라고 학교사회복지사를 학교에 꼭 필요한 전문가로 인정해 주게 되었다. 실천가가 자신감이 없으면 자꾸 이 자격증 저 자격증을 따서 자신이 전문가임을 주장하려는 경향이 있는데, 이처럼 진정한 전문성은 자격증을 통해 생기는 것이 아니라 주변에서 실천가의 역량을 인정해 줄 때 생기는 것이다. 아무리 많은 자격증이 있어도, 실천현장에서 있으나 마나 한 존재가 된다면 아무 소용이 없다. 그래서 학교사회복지사업이 계속 유지되고 확대되려면 학교사회복지사는 학교에 꼭 필요한 존재가 되어야 하고, 그것은 오로지 학교사회복지사의 실천역량을 인정받을 때 가능해진다.

요즘은 어디를 가나 매뉴얼로 사업을 하려고 하는 것 같다. 하지만 매뉴얼은 어디까지나 포괄적인 절차에 대한 지침은 줄 수 있어도 개별 사례에 대한 세세한 실천지침을 줄 수도 없고, 자기 자신의 가치와 실천방법을 성찰하면서 실천하게 돕는 데 한계가 있다. 따라서 실천에 실제로 도움이 되는 매뉴얼을 개발하는 것도 중요하지만, 학교사회복지사는 자신이 사회복지사로서 지켜야 할 원칙과 가치를 분명히 한 상태에서 모든 해결방법을 개별 이용자와 가족 등 이용자에게 중요한 주변 사람과의 관계에서 풀어 나가는 능력을 키워 나가는 것이 필요하다고 생각한다. 그리고 개별 이용자와 가족 등과의 관계에서 해결하기 어려운 문제는 같은 어려움이 있는 사람을 집단으로 모아 함께 일하는 것이 필요할 수도 있고, 지역사회의 변화, 더 나아가 법과 제도의 변화까지도 꾀해야 할 때가 있을 것이다. 모든 사례는 개별화한 실천이 필요하다.

그래서 학교사회복지사는 끊임없이 자신의 실천역량을 키워 나가야 한다. 바로 자신이 실천의 도구이기 때문이다.

학교사회복지사가 실천역량을 키워 나가는 데는 정기적인 슈퍼비전이 가장 중요하다고 생각한다. 학교사회복지가 초창기에 순조롭게 발전할 수 있었던 것은 사업별로 학교사회복지사를 지원하는 슈퍼비전 체계를 가지고 있었기 때문일 것이다. 그때는 학교사회복지의 모든 것이 새롭고 낯선 시기였다. 그래서 지역마다 학교사회복지를 가르치는 대학교수를 중심으로 학교사회복지사를 위한 슈퍼비전 체계를 마련하였다. 교육부 학교사회복지 파견 연구학교 사업을 할 당시 담당 장학사가 했던 말이 기억난다. 그는 사회복지사는 노인복지학과나 산업복지학과에서도 배출하는데, 사회복지사가 과연 어떻게 학교에서 전문성을 갖추고 실천할 수 있을지 의문을 가졌다고 하였다. 하지만 지역별로 사회복지학과 교수가 학교사회복지사와 연결되어 정기적으로 집단 슈퍼비전을 주었기 때문에 성과를 이루어 낼 수 있었던 것 같다고 하였다. 이처럼 초창기 학교사회복지사업은 늘 슈퍼비전 체계를 함께 마련해서 학교에서 유일한 사회복지사로 외롭게 실천하는 학교사회복지사를 지원하면서 당면한 어려움을 극복하고 2차 세팅에서 효과적으로 실천하는 능력을 키워 나가게 도왔다. 그런데 이 부분이 교육복지우선투자지역사업을 시작하면서 소홀해진 것 같아 아쉬운 마음이다.

학교사회복지제도의 핵심은 학교사회복지사의 실천역량을 계속 키워 나가게 돕는 것이 되어야 한다고 생각한다. 요즘은 사회복지사를 이용자에게 자원만을 연계해 주는 사람으로 오해하는 사람도 많은 것 같다. 물론 사회복지실천에서 자원연계도 매우 중요한 업무이다. 그러나 이용자에게 진정으로 도움이 되는 자원을 연계하려면 먼저 이용자가 원하는 변화가 무엇이고, 이용자가 이미 가지고 있는 자원이 무엇인지, 이용자는 어떤 방식으로 자신이 원하는 변화를 이루어 내고 싶은지 알아야 한다. 종종 이용자의 친척, 이웃 등과 같은 비공식적 자원이 가장 유용한 자원이 된다. 때로는 이용자와 함께 자신에게 필요한 자원을 지역사회 안에서 발굴하면서 이용자의 자원 동원 역량이 커지기도 한다. 이처럼 자원연계는 사회복지사가 실천과정에서 이용자에게 필요할 때 하는 일이지, 그것만을 단독 업무로 하는 사회복지 실천은 있을 수가 없다. 학교사회복지사가 자신이 만들어 놓은 자원 목록 안에서 학생이나 가족에게 필요하다고 생각하는 자원을 선정해 연계하고, 학교 안에서 이루어지는 다양한 학생복지 사업을 위해 돈이나 물건, 바우처 등만을 배분하고 필요한 행정서류를 작성하는 역할만 한다면, 더는 전문성이 필요 없는 존재가 된다. 그리고 그런 일을 주로 하다 보면 어느새 학교사회복지는 누구나 할 수 있는 일이 되고, 학교사회복지사는 실천현장에서 더는 중요하지도, 필요하지도 않은 사람으로 전락할 위험이 있다. 학교사회복지사가 지금까지 해 왔던 것처럼 모든 학생이 학교 안팎에서 자신이 가진 잠재능력을 최대한 발휘하면서 행복하게 성장할 수 있게 돕는 전문가로 남으려면 학교사회복지사로서 실천역량을 키우는 데 집중해야 한다. 그리고 그 실천역량은 정기적인 슈퍼비전을 받으면서 학생과 가족, 교직원, 지역사회와 함께 실천하면서 문제해결에 도움이 되지 않는 방법은 버리고, 도움이 되는 방법을 계속해서 찾아내고 지속할 때 자연스럽게 향상될 것이다.

07

홍순혜

서울여자대학교 교수

서울여자대학교 교육복지연구센터장

전 양주시 회천2동 위스타트센터장

전 한국학교사회복지학회장

어떻게
학교사회복지에
연결되었습니까?

학교사회복지학회 창립 발기인으로 참여

대학교 학부에서 영문학을 전공하면서 사회복지를 부전공하고 교직과목도 이수했다. 돌아보니 학교사회복지를 알지도 못한 채로 그 바탕을 닦은 셈이 되었다. 그때 미국에서 막 귀국하신 어느 교수님을 통해 집단개입 방법으로 그룹다이내믹스를 체험했는데 참 재미있었다. 그래서 그분에게 대학원에서 사회복지를 전공하면 어떨지 자문을 구했다. 이화여대를 졸업한 선후배 중 서울대학교 대학원으로 진학한 이들이 많아서 나도 서울대학교 사회복지학과 석사과정에 입학했다. 나중에 결혼하고 남편과 미국에 가서 미네소타대학에서 박사과정을 마쳤다. 귀국하자 바로 서울여대에 자리가 나서 교수가 되었는데 마침 아동복지학회에 갔다가 학교사회복지학회 창립 발기인을 모집하기에 참여하게 되었다. 이후 학교사회복지 쪽에서 교수님들과 교제하면서 연구 논문도 쓰고 대학교재도 내면서 정작 석 · 박사 논문을 쓴 노인 분야와는 멀어지고 학교사회복지로 계속 이어지게 되었다.

개별적으로 학교사회복지 실천 시도

또 한 가지는 1990년대 말에 당시 윤철수 사회복지사, 노혜련 교수 등을 중심으로 해서 공식적으로 학교사회복지 활동이 시작되었는데, 나도 무언가 해 보고자 내가 소속된 서울여대에 인접한 노원구의 중학교들에 공문을 돌려서 학교사회사업을 제안했다. 그중 한 학교에서 응답이 왔다. 나는 학교에서 추천한 학생들을 대상으로 개별 면담도 하고 서울여대로 불러서 집단 프로그램을 하기도 했다. 나중에 학생부장이 조사한 자료와 나의 실천 경험을 토대로 논문도 썼다. 2년인가 지난 후 학생부장이 타교로 전근 가면서 학교의 관심도 줄었고 그 학교 말고도 더 큰 규모의 학교사회사업들이 막 일어나기도 해서 이 일은 그만뒀다. 이후에는 위스타트사업이 시작되면서 본격적으로 학교사회복지 활동에 관여했다.

학교사회복지 관련해서
하신 일과 에피소드를
소개해 주십시오

위스타트사업 내 학교사회복지 실천

지난 2017년 학교사회복지학회 20주년 기념 학회에서 위스타
트 학교사회복지사업에 대해 발제하면서 정리할 계기가 되었다.
위스타트We Start는 2004년에 중앙일보, 어린이재단, 사회복지공
동모금회 등 여러 기관·단체들이 모여 저소득층 가정의 아이들
에게 공정한 복지와 교육, 보건의 기회를 제공하고 건강하고 건전
한 발달을 도모함으로써 가난의 대물림을 끊고 삶의 출발Start을 돕
자는 민간차원의 시민운동으로 시작했다. 위스타트는 마을 만들
기, 건강 지킴이, 교육출발선 만들기, 후견인 맺기, 사랑의 책 보
내기, 희망의 집 꾸미기 등 다양한 사업을 진행했는데 그중 가장
대표적인 것이 '위스타트마을 만들기 사업'(이후 위스타트사업)이었
다. 위스타트사업은 빈곤 가정의 임산부들과 0~12세 이하 영유
아 및 학령기 아동과 그 가족들에게 보건, 복지, 보육 및 교육 서

비스를 맞춤형, 통합적, 포괄적으로 제공하여 아동과 가족의 건강한 발달과 행복을 보장하는 것을 목적으로 하였다. 이를 위해 지역사회의 민간 및 공공 기관이 협력하는 통합적 전달체계를 구축하고 궁극적으로는 아동이 행복한 지역공동체를 구현하고자 했다. 위스타트 학교사회복지사업은 경기도 안산시 초지마을에 위치한 관산초등학교와 별망초등학교에서 2005년에 처음 시작되었다. 이후 경기도 위스타트마을 모든 곳에서 학교사회복지사업을 도입하여 2005년에서 2007년 사이에 경기도 위스타트마을 내 15개의 학교에서 짧게는 1년, 길게는 9년 동안 학교사회사업이 진행되었다.

2006년에는 의정부시와 맞닿은 경기도 양주에서 위스타트 학교사회사업을 서울여대 산합협력단이 위탁 운영하기로 하면서 내가 현장에 본격적으로 관여하게 되었다. 양주 위스타트 학교사회복지사업은 한 개의 초등학교에서 시작했다. 교사들 사이에 학교사회사업에 대한 인식이 너무 없어서 매우 힘들었다. 특히 사업담당 직속 상관인 부장이나 교장이 지원은커녕 사사건건 진행을 어렵게 하거나 수수방관하는 통에 사업을 추진하기가 여간 힘든 일이 아니었다. 예를 들어, 프로그램 후 학생들에게 막대사탕을 주면 아이들이 실수로 막대사탕 때문에 목구멍이 막히면 어떻게 할 것이냐 따지고, 프로그램을 마치고 귀가하는 아이들을 보고 가다가 교통사고라도 나면 누가 책임질 거냐고 묻는 식이었다. 그래서 그 학교는 결국 1년만 하고 종결했다. 이듬해에는 다른 학교를 섭외해서 양주시에서 2개교가 학교사회복지사업을 운영했다. 한편, 구리시에서는 1개 초등학교에 학교사회복지사를 배치했는데 드림스타트로 전환·통합되어 지금까지 계속되고 있다. 이때 양주 위스타트사업 내에 방과후공부방을 두어서 학교사회복지와 연계하니 마을에서 아동복지와 교육복지(학교사회복지)가 결합될 수 있어서 참 좋았다.

2013년 위스타트사업 마지막 해에 많은 교사와 학부모들의 응원 속에 당시 위스타트사업 학교사회복지사 윤장희 선생과 운동본부의 박호준 선생, 중앙일보 기자 등과 의정부 시장을 만나러 갔지만 결국 사업을 접게 되었다. 위스타트가 정부의 드림스타트와 흡수·통합되면서 학교사회복지사업은 모두 종결되었는데 단한 곳, 구리시 부양초등학교만 남게 되었다. 이 학교의 학교사회복지사 김숙기 선생은 수많은 위기와 고비들을 넘기면서 지금까지 너무나 잘해 오고 있다. 또 김숙기 선생 덕분에 학교사회복지의 필요성을 잘 인식하고 있는 구리시는 최근에 인근의 한 학교(산마루초)를 추가 지정하여 학교사회복지사업을 운영하고 있다.

드림스타트사업을 하면서 학교사회복지사업을 하니 지역사회 아동복지 체제, 드림스타트 운영체계와 학교가 연결되어 아이들과 가족에 너무나 큰 이득이 된다. 드림스타트는 워낙 규모가 크고 다양한 사업을 하고 있는데 학교사회복지사를 통해 드림스타트의 모든 서비스가 그 학교에 들어가게 되니 학교로서는 엄청난 혜택이 된다. 앞으로 학교사회복지를 제도화하더라도 초등학교는 꼭 이런 드림스타트 연계의 장점을 살리는 모델로 갔으면 좋겠다.

현재 전국의 드림스타트에 구리·남양주 지역의 2개교를 빼곤 학교사회복지사가 없고 사례관리자만 활용하고 있다. 앞으로 지역 내에 드림스타트 거점으로 학교사회복지사를 배치한다면 주변의 다른 학교에도 모든 아동복지서비스, 드림스타트 서비스가 잘 들어갈 수 있도록 중개하며 교육복지우선지원사업과의 연계 역할도 잘할 수 있을 것이다.

학교사회복지사 자격관리

줄곧 학교사회복지사업에 관여하고 학회에도 참여하면서 학교사회복지학회장을 했고 제도화를 위해 함께 여러 가지 일을 했다. 그중 학회와 협회가 함께 학교사회복지사 자격관리 위원회를 만들었는데 첫 위원장을 했다. 학교사회복지가 사회복지 2차 세팅으로서 학교에서 교사들과 어깨를 나란히 하고 전문성을 인정받으며 활동하려면 내적으로도 충분한 역량을 갖춰야 하는데 이를 위해 자격관리제도가 필요했다. 응시자격, 시험과목, 이후 자격

연수 등 세세한 것들을 정하는데 지방마다 상황이 다르다 보니 의견을 조정하기가 쉽지 않았다.

초창기 학교사회복지사 자격관리위원으로는 오창순, 전재일, 김혜래 교수님과 윤철수, 김상곤 협회장 등이 있었는데 레지딘스에서 숙박을 하면서 시험문제를 출제해서 늦은 밤 아슬아슬하게 시간에 맞춰 인쇄소로 운송하던 일이 기억난다. 참 열심히 했는데 모두 즐겁게 했던 것 같다. 잦은 회의에도 불구하고 먼 지방에서도 열심히 서울로 와 주신 교수님들의 열정이 참 고맙다. 마침내 2005년에 첫 학교사회복지사 자격시험이 현대고등학교에서 실시되었다. 모두 도와주신 덕에 자격시험과 교육시스템이 잘 구비되었고 이제는 학교사회복지사 자격을 취득한 학교사회복지사들이 약 1,500명에 이르게 되었다.

학교사회복지사 역량개발 지원

학교사회복지사가 지속적으로 현장에서 부딪히는 문제들을 지혜롭게 해결하는 한편, 계속해서 자기역량을 개발하도록 돕기 위해 나도 계속 공부하고 시도한다. 그중에 현장과 함께 해 본 것은 슈퍼비전 관련 교육, 독서동아리, 그리고 PBL Project Based Learning(프로젝트 기반 학습)이다.

제일 먼저 시도한 것은 슈퍼바이저 양성교육이었다. 교육복지

66

    교육복지나 학교사회복지도 현장을 보면 실제 개입은 강사나 상담사를 활용하고 직접개입을 하는 일이 거의 없어 보인다. 그런데 학교사회복지사의 전문성은 클라이언트에 대한 직접 개입 경험에서 나온다고 생각한다. 사례관리를 주로 하기는 하지만 면담이든 집단개입이든 학생과 직접 만나고 부딪히는 일을 피하지 않아야 우리의 전문성과 정체성을 지킬 수 있다.

99

우선지원사업이 확대되고 지속되면서 학교사회복지사 자격이 없는 전국의 교육복지사들을 어떻게 품고, 어떻게 역량을 키워 줄까를 늘 고민하게 되었다. 그래서 서울여대에서 학교사회복지 관련 석·박사과정을 거친 안정선, 조성심, 방진희, 엄경남 선생 등을 중심으로 교육복지연구센터로 뭉쳐 교육복지 슈퍼바이저 양성과정을 운영했다. 학교사회복지사협회가 많은 보수교육을 하고 있지만 사회복지사 자격이 없거나 2급 자격만 가진 교육복지사들에게는 문턱이 높게 여겨져서 참여에 한계가 있다. 학교사회복지사든 교육복지사든 혼자서 일하는데 어디서 슈퍼비전 받을 곳이 없으니까 현장에서 힘든 점이 보였다. 그래서 학교사회복지와 교육복지를 묶어 보고 싶은 마음에 슈퍼비전 교육을 하면서 전국 여러 도시로 다니고 협회와 공동으로 진행하기도 했다. 그러나 교육 이수자들을 다시 슈퍼바이저로 키워서 세워 주었어야 했는데 그 일이 쉽지 않았다. 그들의 문제와 욕구에 계속 부응하는 체계를 만들고 슈퍼바이저 자격제도 같은 것을 만들어서 보완했어야 하는데 거기까지는 하지 못했다.

둘째로 들 것은 얼마 전에 시작한 사회복지사들과의 독서 스터디그룹이다. 교육복지우선지원사업에 참여하는 분들이 중심이 되어서 지역의 사회복지사와 같이 정기적으로 만나 좋은 책을 읽고 토론하는 모임으로 나도 참여자로서 종종 참석하고 있다. 이

모임을 통해 현장 이야기도 듣고, 책도 읽고, 생각도 나누니 참 좋다. 읽은 책 중에는 ADHD 아동에 대한 『가만히 있지 못하는 아이들』, 4차 산업혁명 시대를 전망하는 『미래교실』, 그리고 Parker Palmer의 책 등이 좋았다.

셋째로는 몇 년 전부터 해 온 PBL이다. PBL은 아동이 자기주도적으로 해 나가는 프로그램이다. 학교 현장의 사회복지사들이 이걸 배워서 적용하면 좋겠다. 얼마 전 PBL에 관해 특강을 했는데 학교사회복지사들이 별로 오지 않았다. PBL은 구조화된 프로그램을 내걸고 아이들을 모집해서 이끌고 가는 방식이 아니라 아이들이 스스로 기획해서 운영하는 방식이라 할 수 있다. PBL을 활용해서 아이들이 다양한 프로그램을 하도록 드림스타트 대상 학생들에게 적용해 봤는데 효과가 있었다. 아이들에게는 ADHD, 위축, 우울 등 여러 가지 문제점이 있었는데 문제를 파헤쳐서 원인을 찾고 해결하도록 지원하는 방식을 취하지 않고 아이들이 계속 모여서 토의하고 프로젝트를 운영하도록 강점을 살려 주고, 지지해 주고, 그래서 결국 성취하고 나니까 많은 것이 자연스럽게 변화되는 것을 보았다. PBL의 경험이 아이들에게 수업 중에도 좀 더 적극적으로 참여할 가능성을 길러 주는 것 같다. 문제에 초점을 맞춰서 그걸 고치려 하는 게 아니라 아이들이 성취감을 느끼면서 스스로 조절하게 도와주는 것 같다. 사실 교육현장에서 벌써

하고 있는 것을 아동복지 현장으로 옮겨 오자는 것이다. 이것이 학교사회복지 실천의 패러다임을 바꾸는 데도 기여하지 않을까 기대하고 있다. 올해에는 교육복지연구센터에서 서울시 용역을 하나 받아서 시작하려고 한다. 새로 시작한 '우리동네키움센터'들이 아동복지기관으로서 PBL을 주된 프로그램 운영 방식으로 했으면 하는데 현장은 아직 준비가 되어 있지 않다.

기억나는 고마운 사람, 칭찬하고 싶은 사람이 있다면?

김상곤, 김숙기, 박경현

너무 많다. 3명만 굳이 꼽는다면 첫째는 돌아가신 김상곤 전 한국학교사회복지사협회장이다. 당시 안산1대학에서 교수를 하면서 협회장으로서 학교사회복지를 위해 열심히 뛰며 기초를 놓는 일을 어떻게 저렇게 즐겁게 하실까 싶었다. 존재 자체로 많은 이들이 힘을 받았다.

둘째는 위스타트 부양초등학교 학교사회복지사 김숙기 선생이다. 한 학교에서 그렇게 오랫동안 일하는 게 쉬운 일이 아니다. 매년 구리시와 계약을 갱신해야 했고 그때마다 실랑이를 해야 했다. 다른 데 가서 일을 해도 부족하지 않은 능력이 있는데 여기서 꿋꿋하게 한자리를 지키며 열심히 일을 해 온 것이 대단하다. 학교와는 다른 공무원 조직과 어울려서 협력하고 또 필요할 때에는 할 말을 다 하면서 학교사회복지를 지키는 모습. 그이가 사업학교를 늘리자고 요청하지는 않았을 것 같다. 공무원들이 그이가 일하는 모습을 쭉 봐 오면서 거기서 배우고 감동해서 예산을 늘리고 사업 학교를 추가하게 되지 않았을까 싶다.

셋째는 박경현 샘교육복지연구소장이다. 박경현 소장만큼 학교사회복지에 대한 열정을 잃지 않고 지금까지 쭉 학교사회복지를 생각하고 일해 온 사람이 있을까 생각한다. 학교사회복지사협회 지원, 샘교육복지연구소 운영, 그리고 이런 책의 기획까지 뭐든지 학교사회복지에 대한 열정이 바탕이 되어서 여기까지 온 것 같아 너무나 감사한 마음을 갖고 있다.

그런데 우리 학교사회복지는 협회든 학회든 다 같은 열정과 공감대를 가진 사람들로 뭉쳐 있다. 학회에서 교수나 실무자들을 만나면 친정에 온 것 같다. 보고 싶은 얼굴들이 많이 찾아오고. 같은 마음일 것이다. 이게 학교사회복지를 끌어 가는 힘이 아닐까.

학교사회복지에서 가장 중요한 점이나 필요한 것은 무엇일까요?

국가가 인정하는 자격으로서 학교사회복지사 제도 마련

쉬운 질문이 아니다. 솔직히 잘 모르겠다. 학교사회복지와 교육복지가 병행되어 오면서 자격증 같은 게 통합되어 있지 않은 현실에서 이번에 국가자격증 법제화를 통해 유기적으로 잘 연결되는 계기가 되었으면 좋겠다. 사업은 재원에 따라 여러 가지가 있을 수 있다. 그러나 기본으로 깔린 정체성은 통일이 되었으면 좋겠다. 그게 가능할까? 사업은 달라도 결국 궁극적 목적은 같으니 같은 정체성을 갖고 일하게 되었으면 좋겠다.

그리고 2차 세팅으로 정신건강사회복지, 의료사회복지와 함께 국가자격이 되면서 수련제도가 논의되고 있다. 이미 수련제도를 시행하고 있는 정신건강사회복지나 병원체계 내에서 일하는 의료사회복지와 마찬가지로 학교사회복지도 인턴십 수련제도를 하기로 한 것 같다. 학교사회복지 수련제도가 도움이 되겠지만 수련생

이 보수도 없이 많은 시간을 일해도 취업이 보장되지 않는다면 수
련생에게 너무 큰 희생을 요구하는 게 아닌가 걱정된다. 이런 문
제를 심사숙고해서 잘 정비해야 한다.

직접 개입 실천의 중요성

요즘 사회복지 대학교육에서 회계, 인사관리, 마케팅 이런 행
정적인 것들이 관심을 받고 있다. 학생들 중에는 일반 기업에 취
직해서 사회공헌 업무를 하려는 사람도 많다. 그러다 보니 점점
임상적 지식과 기술에 대한 중요성이 바래는 것 같다. 교육복지나
학교사회복지도 현장을 보면 실제 개입은 강사나 상담사를 활용
하고 직접개입을 하는 일이 거의 없어 보인다. 그런데 학교사회복
지사의 전문성은 클라이언트에 대한 직접 개입 경험에서 나온다
고 생각한다. 사례관리를 주로 하기는 하지만 면담이든 집단개입
이든 학생과 직접 만나고 부딪히는 일을 피하지 않아야 우리의 전
문성과 정체성을 지킬 수 있다.

구리시 드림스타트에서 PBL 프로그램을 연 1회씩 해 오면서
아이들을 주 2회씩 3달간 만났다. 그렇게 꾸준히 만나다 보니 아
이들이 보인다. 굳이 아이들의 문제에 대해 조사하고 치료하려고
하지 않아도 아이가 직접 주도적으로 참여해서 친구들과 프로젝
트를 해내고 성취감을 느끼니 힘이 생기는 것 같다. 또 그런 모습

을 보면서 아이의 강점과 무엇을 도와주면 아이가 힘을 얻을지 알게 된다. 이처럼 직접 부딪히고 만나야 한다. 전문강사를 활용하거나 외부 전문가를 연계해 줄 수는 있지만 기본적으로는 직접 만나야 한다. 엄마가 아이를 직접 돌볼 시간을 만들지 않고 일일이 다른 사람, 기관에 맡겨서 키운다면 잘 기른다고 할 수 있겠는가. 아이들을 무슨 상담사, 치료사에게 보내거나 아이에게 전문가를 모셔다 줄 수도 있지만, 학교에서 아이들을 만나고 직접 프로그램을 하면서 지켜보면 꾸준한 관심만으로도 아이가 힘을 얻고 변화된다. 그게 전문성이고 전문적 학교사회복지 실천의 핵심이라고 생각한다. 모르는 사람이 하기보다 늘 아이가 생활하는 학교 공간에 같이 있는 학교사회복지사가 하면 잘할 수 있다.

아동을 보는 관점

요즘 드는 생각은 아동을 보는 관점이 중요하다는 것이다. 학교사회복지사로서 일을 잘한다는 것은 얼마나 기술적·기능적으로 일을 잘 처리하는가보다도 아동을 어떤 사람이 되었으면 좋겠다고 생각하는지, 어떤 사람으로 길러 낼 것인지 명확히 하고 실천하는 게 중요하다는 것이다. 슈퍼비전을 하다 보면 많은 사람이 기술적인 것을 알고자 하지 자신의 아동에 대한 관점을 돌아보려는 사람은 많지 않다. 안타깝다.

끊임없이 공부하고 노력해야

4차 산업혁명 시대를 맞고 있다. 세상이 변했다. 그런데 사회복지사들도 구조 안에 무기직이든 정규직이든 안착되고 나면 변화하려 하지 않는 습성이 생긴다. 처음에는 교사들이 안 변한다고 했는데 요즘은 학교의 사회복지사들도 변하려 하지 않는 것 같다. 아이들의 가능성과 잠재력을 발굴해서 키워 주려 하기보다 교사들이 호소하는 문제점들을 치료하기 위해 외부 강사나 전문가들을 연계해서 개입하는 일에만 집중한다면, 전혀 불필요한 것은 아니지만 큰 그림에서 보면 해결될 것을 놓치게 된다. 사회 변화도 보고 교육현장의 흐름도 알고 있어야 한다. 오히려 교사들은 변화를 위해 공부하고 노력하고 교육부에서 엄청난 자극을 주고 있으니 비교가 된다. 개인적인 노력과 동시에 외부의 자극이나 지원이 없다면 변화하는 시대에 아이들을 잘 돌볼 수 없을 것이다. '나홀로' 실무자들은 정말로 끊임없이 깨어서 공부하고 새로워지려는 노력이 필요하다. 슈퍼비전도 받고 함께 학습동아리도 하고 교육에도 참여하고 그러면서 같이 고민하고 성장해야 한다.

얼마 전 서울여대가 입시선도대학으로 지정되어 고3 학생 대상으로 모의 면접을 할 기회가 있었다. 나는 교육심리학과로 배정되었다. 거기서 만난 학생들에게 이후의 진로를 물어보니 많은 학생이 위클래스 상담사가 되고 싶다고 했다. 10명 중 6명 정도가 그렇게 대답했다. "네가 여기까지 오는 데 영향을 준 일이 뭐가 있었니?" 하고 물었더니 많은 학생이 위클래스 상담에서 도움을 받았다고 말했다. 그래서 자신도 그런 사람이 되고 싶다는 것이다. '아, 위클래스 상담사들은 학생들의 인생에 직접적인 영향을 주고 있구나.' 생각이 들면서 곧바로 학교사회복지사들이 생각났다. 학교사회복지사들도 그런 영향력을 미칠 수 있어야 한다. 아이들이 외부의 어느 기관이나 강사보다도 학교사회복지사를 기억하고 고마워하면 좋겠다. 초기에는 그런 일이 더 많아서 감동도 많았던 것 같다. 그 경험을 소중히 하고 늘 새롭게 성장하길 바란다.

08

이태수

가톨릭꽃동네대학교 교수

한국보건사회연구원장

전 한국보건복지인력개발원장

전 한국학교사회복지학회장

학교사회복지와의 첫 만남이 궁금합니다

원래 전공은 경제학

사실 경제학을 한 사람이 경제학 박사 학위를 가지고 사회복지 학과 교수로, 그리고 사회복지계에서 활동하는 예가 거의 없는 것 으로 안다. 그 첫 계기는 내가 1994년부터 만 5년간 보건복지부 산하 '국립사회복지연수원'에서 교수로 재직한 것에서 시작되었 다고 볼 수 있을 것 같다. 당시에는 사회복지 기관이나 시설에 대 학에서 사회복지를 전공한 사회복지사들이 그리 많지 않았는데 「사회복지사업법」에 의해 시설 근무자의 삼분의 이를 사회복지사 로 충원해야 했다(1998년 개정법에 의해 폐지되었지만). 그래서 정부 가 원하는 이들에게 3~6개월의 집중 연수를 통해 사회복지사 자 격을 취득할 기회를 주도록 한 것이다. 이에 따라 현장 실무 경험 을 가진 분들이 와서 공부하고 다시 현장으로 돌아가는 것을 보았 다. 아마 기관은 사회보장, 소득보장과 같은 부분에서 경제학자가 강의하는 게 필요하다고 판단해서 나를 채용한 것 같다. 당시 교육에 참여한 사람들은 허름한 숙소에서 함께 숙식을 같이 하면서 교육을 받았기 때문에 서로 굉장히 친밀해졌고 교수인 나와도 아주 친하게 지냈다. 나는 이들을 통해 사회복지 시설과 기관들의 현장 모습을 세세히 알게 되었다. 교수 중에도 나만큼 사회복지 현장을 세세하게 방문하고 들여다본 사람은 아마 없었을 것이다. 교육 참여자들과 서로 신뢰하고 친밀한 관계가 만들어졌기 때문에 현장을 방문하면 속속들이 모든 것을 보여 주고 스스럼없이 같이 얘기할 수 있었다. 그리고 1999년에 꽃동네대학교가 새로 생기면서 이곳에서의 경력과 경험이 바탕이 되어 꽃동네대학교 사회복지학과 교수로 갔다.

학교사회복지와의 연결지점은 2000년

삼성복지재단에서(당시 김성원 과장, 현 삼성복지재단 대표이사) 여러 가지 사업들을 공모해서 예산을 지원해 주었는데 그 가운데 해마다 빠지지 않고 학교사회복지사업 영역이 들어가 있었다. 이 사업이 언제 시작되었는지는 정확히 모르지만 나는 2000년에 학교사회복지 영역의 사업 슈퍼바이저로 들어가게 되었다. 나는 학교사회복지는 전혀 몰랐지만 내가 꽃동네대학교 사회복지학과 교수이기도 하고 사회복지 현장을 꽤 알 것이라고 판단해서 기관이 나에게 그 일을 맡겼던 것 같다. 이때는 학교 상주형은 거의 없었고 복지관에서 인근 학교의 학생들에게 프로그램을 하는 사업들이 주종이었던 것 같다. 이때 윤철수 박사도 만나게 되었다. 그 만남이 나를 여기까지 오게 하지 않았나 싶다(웃음). 또한 그때 주로 복지관에 계셨던 학교사회복지 담당 선생님들도 학교사회복지에 대한 제도화로서의 과제를 깨닫게 해 주었다.

이후에 어떤 부분에서
학교사회복지에
관여하셨나요?

본격적으로는 사회복지공동모금회를 통해

나는 1999년부터 사회복지공동모금회 배분분과 위원으로 활
동했다. 그 당시 중앙모금회는 재원이 빈약해서 연간 200억 원
정도의 적은 재정으로 시설이나 기관에서 요청하는 프로그램들에
예산을 배분하는 방식이 전부였다. 배분위원회에 조흥식, 이혜경
교수님 등 사회복지학과 교수들과 여성단체에서 남인순(현 국회
의원), 제3섹터의 단체장들도 배분분과위원으로 들어와 있었는데
배분사업이 신청사업에만 머물지 말고 좀 더 사회에 임팩트를 줄
수 없겠는가 하는 고민이 시작되었다. 그래서 임팩트 있는 사업들
을 모금회가 직접 기획해서 사회에 변화를 주도해 보자는 의도로
기획사업이란 것을 구상하게 되었다. 그리고 2000년 공동모금회
기획사업에 학교사회복지를 채택하게 되었다. 그래서 2002년부
터 2004년까지 3년 동안 제1차 기획사업을 실시하게 된다. 이때

주력 방식은 학교 파견형, 즉 학교사회복지사를 학교에 상주하도록 배치하는 형태였고 복지관에서 프로그램만 하는 것은 소수로 하도록 했다.

그때 에피소드가 생각난다. 나는 학교사회복지사들을 전혀 몰랐는데 어느 날 사업 심사면접을 위해 대구에서 전재일 교수란 분이 신청서를 들고 올라오셨다. 나는 일면식도 없었고 그냥 늘 하던 대로 까다롭게 심사를 했다. 학교사회복지에 계속 관여하면서 나중에서야 그분이 대구에서 학교사회복지를 위해 애쓰신 전재일 교수란 것을 알게 되었다.

모금회 기획사업을 통해 이전 「아동복지법」 관련해서 만났던 노혜련 교수와 다시 만났고, 오창순 교수와도 첫인사를 나누고 대전·충남지역 실사를 같이 다녔다. 그리고 정말 좋아하는 윤철수를 만났다. 그때 그가 협회장이었던 것 같다. 김상곤도 알게 되었고. 당시만 해도 학교사회복지는 실천 경험이 전무한 데다 학교라는 2차 세팅에서 부딪치는 여러 가지 어려운 상황 속에서도 윤철수, 김상곤을 비롯해 현장 학교사회복지사들의 진정성과 그들이 열정적으로 애쓰는 것을 보았다. 그러면서 정말 현장이 중요하구나, 현장 실무자인 학교사회복지사들이 중심이어야 하는구나 생각하게 되었다. 비록 내가 교수로서 슈퍼바이저를 자처하고 학교사회복지사들을 만나지만 현장의 가치를 인정하고 그들이 중심이

66

학교사회복지사는 마치 그 신화에서 뾰족산 위로 돌을 계
속 굴려 올리는 시시포스와 같다고 생각했다. 돌이 데구르
르 굴러 내려오면 다시 굴려서 올라가고, 또다시 굴리는 사람
들……. 나는 학교사회복지라면 그 이미지가 지금도 가장 또
렷하게 생각난다. 학교사회복지사들은, 그리고 학교사회복지
사들과 함께하는 교수들은 모두가 시시포스와 같은 끈기와 용
기, 의지와 역량을 가진 사람들이다. 그것이 1990년대 말에
시작하여 지금에 이르기까지 학교사회복지의 역사를 개척해
왔다고 생각한다.

99

되고, 주체가 될 수 있도록 이들을 격려하고 힘을 실어 주고자 노력했던 것 같다.

모금회 사업은 보통 3년 하고 나면 연장은 불가했다. 한 사업만 계속 지원해 주는 것은 형평에 어긋난다고 생각했다. 그래서 기획사업 종결을 앞두고 2004년 11월에 모금회 기획사업 평가보고회를 겸한 세미나가 열렸다. 조흥식 교수가 좌장을 하고, 학교사회복지사를 비롯해 교수들과 학생, 학부모들이 발언을 했다. 이후에 나는 모금회에서 기획분과 위원으로 옮겼고, 또 한편으로는 2004년 10월부터 꽃동네대학교 교수직을 휴직하고 보건복지인력개발원장으로 가게 되어 모금회 기획사업으로서의 학교사회복지사업의 끝을 챙기지 못했다.

참여복지 5개년 계획 중 교육복지 부분 책임 기획

2003년 노무현 정부가 출범하면서 내가 알고 존경하던 안병영 교수가 교육인적자원부 장관 겸 부총리로 오셨다. 그분이 봄에 나를 교육부로 불러서 관계자와 만났다. 노무현 대통령의 참여정부가 출범하면서 사회보장 5개년계획(참여복지 5개년 계획)을 만들었는데 이는 주거, 문화, 정보, 노동, 여성 등 복지부 이외에 타부처에서 관장하고 있는 복지 분야도 모두 망라하는 것이었다. 그러나 안병영 장관이 보니 여기에 교육이 빠져 있었다. 그래서 '교육복지'를 추가해야 한다고 건의했고 이것이 수용되었다는 것이다. 그렇게 해서 참여복지 5개년 계획에 교육복지 영역이 추가되었고 내가 교육복지계획을 수립하는 프로젝트를 맡아서 추진하게 되었다. 그분은 이미 1995년 김영삼 정부 때도 교육부장관을 지내면서 교육복지 정책을 구상했을 정도로 교육에서 복지적 관점이 중요함을 알고 계신 분이었다. 여튼 교육복지 5개년 계획을 세우면서 학교사회복지를 경험했고, 그래서 학교사회복지를 알고 있었던 나는 학교사회복지가 들어가야 한다고 했다.

교육부 사회복지사활용 연구학교 사업 출범에 관여

그런데 2004년 초인가 어느 날 안병영 장관이 주재하는 교육부 고위관료들과 함께하는 조찬회의에 참석하게 되었는데, 가 보니 안 장관이 주문하여 사회복지사가 학교에 들어가서 교육복지를 실현하는 역할을 하도록 방안을 논의하는 자리였다. 교육부 관료들은 학교사회복지라는 생소한 사업에 대해 난감한 빛이 역력했지만, 결국 교육부가 가지고 있는 특별교부금으로 한시적이나마 사업을 시행해 보기로 결론이 났다. 그렇게 해서 2004년 6월쯤 급박하게 '사회복지사 활용 학교폭력예방 및 교육복지증진을 위한 연구학교' 사업이 만들어졌다. 교육청이 발령을 내서 공식적으로 전국의 초·중·고등학교에 사회복지사가 배치된 최초의 사

학교사회복지 마중물

례가 시작된 역사적인 일이었다. 곧이어 전국 각 광역시·도별로 연구학교 참여를 신청한 초·중·고교들 가운데 1개교씩을 선정하고 학교에 학교사회복지사를 선발해서 배치했다. 운영위원으로 오창순, 노혜련 등 모금회 기획사업에서 알게 됐던 분들과 다시 만나서 신나게 사업을 했다.

지금도 기억나는데, 사업을 시작하고 학교사회복지사들의 첫 연수를 가평 어디인가 폐교를 개조한 연수원에서 가졌다. 도착했더니 벌써 저녁 어스름이었는데, 그 자리에서 비로소 이예니, 김주미, 정숙자 선생을 비롯해서 학교사회복지사 한 분 한 분을 만났다. 그때 그들의 얼굴에 도는 생기와 새로운 시작에서 갖는 기대로 인한 흥분 그런 것들이 지금도 그대로 기억난다. 이후에 교육복지 영역으로 가기도 하고 다른 학교사회복지사업으로 가거나 학위를 따서 강단에 서는 등 학교사회복지 영역에 중추적 역할을 하는 현장 경험자들이 여기서 배출되었기에, 이 교육부 사업은 단순히 최초의 공식 사업이라는 의미를 넘어 이후의 학교사회복지 영역을 발전시키는 인적 기반을 만들었다는 점에서 매우 의의가 크다고 생각하며, 그 과정에 함께한 것을 늘 영광스럽게 생각한다.

원래 보통 연구학교사업이 1년이나 2년이면 종결되고 특별교부금 사업이라는 한계를 가지고 있었지만 2년 사업 후에 종결되지 않고 지속될 수 있었던 것은 당시 김용익 청와대 사회수석(전 서울대 의료관리학 교수)의 도움이 있었기 때문이다. 김용익 사회수석은 학교사회복지에 대해 인식이 있었고, 그래서 이 사업이 복지부와 교육부가 협업하여 공동사업으로 계속할 수 있게 해 주었다. 하지만 2008년 이명박 정부 들어서 끝날 수밖에 없었다.

학교사회복지학회 회장

그 이후로는 2009년 학교사회복지학회 회장을 하게 되었다. 학회장으로서 첫 춘계학술대회를 서울여대에서 열 예정이어서 그 날 아침에 나가려 준비를 하면서 텔레비전을 켰더니 노무현 대통령의 서거 소식이 방송되고 있었다. 청천벽력과 같았다. 마침 안병영 교수를 기조강연자로 모셨던 터였다. 모두들 엄청난 충격을 안고 침통한 상황에서 안병영 교수의 이야기를 듣고 학술대회를 정신없이 치렀다. 학회장을 맡아 하는 동안 학교사회복지사협회 회장을 했던 고(故) 김상곤 선생(당시 안산1대학 교수)이 학회 총무위원장을 맡아서 나랑 호흡을 맞추어 즐겁게 1년을 일하고 김혜래 교수님에게 학회장을 넘겨 드렸다.

특히 학교사회복지 제도화 관련하여 많이 애써 주신 걸로 압니다

학교사회복지 제도화와 교육복지

이후에도 학교사회복지 제도화 추진위원회 위원 등 나름대로 고민하는 자리에 있었는데 학교사회복지 관련 학회나 토론회 같은 데에서 부르면 늘 나에게 '제도화'에 관한 발제를 주문했다. 2013년에 안식년을 하고 돌아와서부터는 보수 정부라 딱히 기대할 것도, 정부 정책 집행과정에 연결될 것도 없다고 보아 아예 정책 개발 같은 것은 생각을 접고 전반적인 복지국가 담론과 복지국가 운동 쪽으로 방향을 틀면서 학교사회복지와 전처럼 밀착된 기여를 하지는 못하게 되었다. 하지만 그런 가운데에도 지자체 지원 학교사회복지사업 시도들이 있었고, 교육복지우선지원사업이 계속 유지되었으며, 학교사회복지의 제도화를 위한 다양한 논의 과정에는 함께했다.

나는 학교사회복지의 제도화가 교과서 속 원형으로서의 학교사회복지에 갇혀서 경직되거나 협소하게 생각되어서는 안 된다고 생각한다. 교육복지우선지원사업이 한국적 학교사회복지제도의 한 유형이라고 본다. 그래서 교육복지우선지원사업을 학교사회복지 실천으로 규정하고 적극적으로 교육복지사들에게 학교사회복지사로서의 정체성을 부여해서 함께 가야 한다고 생각한다. 교육복지우선지원사업이 학교사회복지인 것 같기도 하고 아닌 것 같기도 하고, 교육복지사가 학교사회복지사이기도 하고 아니기도 한 그런 상태로 가다가는 학교사회복지 제도화의 큰 맥을 놓칠 수 있다는 게 나의 일관된 입장이다. 나는 항상 그렇게 생각하고 발언해 왔다.

문재인 정부 들어서 인수위원회 격인 국정기획자문위원회에서 활동하면서 가급적이면 학교사회복지를 제도화할 수 있는 가능성을 열어 보려고 했다. 마침 김진표 의원이 자문위원장으로 관심을 많이 보이면서 2018년 본예산 사업으로 넣을 여지가 있다고 하여 우리도 기대를 가지고 접촉하고 여지를 찾아보고 했었으나, 당시 예산 의결과정이 순탄치 않아 의원이 제시한 추가예산을 검토하는 과정이 생략되었기에 결국 기대한 바를 이루지 못하고 허탈하게 끝났다. 이후의 제도화 추진 동력은 그다지 큰 계기 없이, 다만 코로나 시기에 학교사회복지사협회 선생님들이 주축이 되어 아동보호와 연결하여 학교사회복지사 제도화 방안을 위해 열심히 노력하고 계시는 것으로 안다.

학교사회복지 제도화에 대해 말하라면 나는 학교사회복지는 이미 제도화되었다고 본다. '학교사회복지사업'이라는 제도명으로 법률에 기반하여 전국적으로 실시되고 있지는 못하지만, 제도화에도 여러 가지 방식과 다양한 사업 유형들이 가능한 만큼 그런 유연한 입장에서 보면 제도화는 이미 어느 정도 되어 있는 것이다. 특히 교육복지우선지역사업을 통해서 말이다. 따라서 학교사회복지사업의 원형 내지 기본 원리를 계속 재해석하고 교육복지 실천에 적극적으로 적용시키며 필요하다면 제도를 그런 쪽으로 바꾸도록 현장 실무자들과 협업하는 노력이 중요하지 않을까 생각한다. 이제 학교사회복지사가 국가자격이 된 만큼 교육복지 영역 내에서도 더 주요한 역할을 인정받을 수도 있고, 차제에 또 다른 제도화의 유형을 찾아 노력해 갈 수 있는 기반이 마련되었다고 본다.

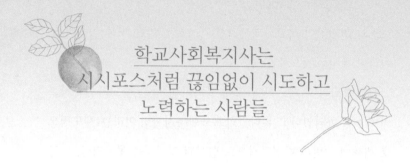

학교사회복지사는
시시포스처럼 끊임없이 시도하고
노력하는 사람들

　2017년 가을, 서울대학교에서 열린 사회복지학회 공동학술대
회 학교사회복지 세션에서 기조 강연을 해 달라는 부탁을 받았다.
발표용으로 파워포인트 자료를 만들었는데 학술적인 것뿐 아니라
나의 학교사회복지에 대한 인상을 얹어서 만들었다. 그때 ppt 제
일 첫 화면에 시시포스의 신화 그림을 인터넷에서 얻어서 동영상
으로 보여 줬다. 학교사회복지사는 마치 그 신화에서 뾰족산 위
로 돌을 계속 굴려 올리는 시시포스와 같다고 생각했다. 돌이 데
구르르 굴러 내려오면 다시 굴려서 올라가고, 또다시 굴리는 사람
들……. 나는 학교사회복지 하면 그 이미지가 지금도 가장 또렷하
게 생각난다. 학교사회복지사들은, 그리고 학교사회복지사들과
함께하는 교수들은 모두가 시시포스와 같은 끈기와 용기, 의지와
역량을 가진 사람들이다. 그것이 1990년대 말에 시작하여 지금
에 이르기까지 학교사회복지의 역사를 개척해 왔다고 생각한다.

지금까지 현장을 지키는 학교사회복지사들의 끈기와 용기에 격려와 감사를 보내지 않을 수 없다.

학교사회복지는 참 묘한 마력이 있다. 한번 발을 들여놓으면 마법에라도 걸린 듯 학교사회복지를 잘되게 하기 위해 온갖 사람들을 만나 읍소하고 애걸하고 설득하고 다니는 것이다. 그렇기에 그동안 학교사회복지를 통해 만났던 모든 사람과의 인연은 내게 하나같이 다 소중하다. 하지만 그중에도 2004년 교육부의 사회복지사 활용 연구학교 사업을 시작하면서 함께했던 학교사회복지사들과의 첫만남에서 느꼈던 그 에너지, 그 시간 그 현장에서만 느낄 수 있었던 벽찬 희망의 에너지, 그것은 여전히 가장 감동적인 아련한 기억으로 남아 있다.

학교사회복지가 앞으로 어떻게 될지 우리는 모른다. 하지만 학교사회복지는 항상 가장 절망적일 때, 이제는 끝인가, 그럴 때에도 다시 일어나고, 다시 만들어지고, 그렇게 이어져 왔다. 그런 학교사회복지의 역사 속에서 2000년대 초~중반에 징검다리가 될 수 있는 사업들에 내가 좋은 분들과 함께 있었다는 것이 참 특별한 의미로 다가온다. 나는 비록 학교사회복지를 이론적으로 전공해 왔던 사람은 아니지만 중간에 합류하여 좋은 분들과 함께 우리 사회에 희망을 일구는 학교사회복지라는 영역을 알아 가고 만들어 가는 영광된 순간을 함께하게 되었다. 내가 인생을 돌아보며

족적을 정리하게 된다면 반드시 학교사회복지를 굵은 줄기로 남길 만큼 나에게 굉장히 보람찬 일이었다.

09
윤철수

한국학교사회복지사협회 초대 회장

태종약품 사내이사

전 나사렛대학교 교수

학교사회복지와 연결된 계기가 궁금해요

어릴 적 꿈 '산타클로스'

나는 어려서부터 '너 이다음에 커서 뭐 될래?' 하는 질문에 '난 산타클로스가 되고 싶어요.'라고 대답하곤 했다.

우리집은 서울 시내가 내려다보이는 인왕산 무악재 고개 가난한 달동네에 살았다. 내 아버지는 한동안 직업이 없었던 적이 있었는데 그때는 성탄절에도 산타할아버지는 우리집에 안 오셨다. 산타할아버지가 정말 필요했는데 말이다……. 그래서 나는 진심으로 간절히 산타가 되고 싶었다. 하지만 자라면서 나는 이내 산타 생각을 잊어버렸다.

중학교 들어가 사춘기 때 부모님 사이에 갈등이 심해졌다. 내가 키가 자랐기 때문에 엄마한테 폭력을 쓰는 아버지에게 대항하고 그러다가 집 안의 물건이 부서지기도 했다. 그러면서 나는 엄마와 우리 집을 지키겠다고 나도 모르게 다짐을 한 것 같다. 당시 내게 최고의 가치는 '행복한 가정'이었다. 다른 아이들은 놀면서 공부도 하고 꿈을 키우며 청소년기를 누릴 때 나는 늘 우리 집과 엄마를 생각하고, 무슨 일이 생기지 않을까 노심초사하며 집 쪽으로 촉각을 세우고 엄마를 지킬 생각만 했다. (사실 부모님들의 관계에는 자녀들이 깊이 개입하는 것이 아니라는 사실을 뒤늦게 알았지만……) 그때부터 내 인생이 꼬이기 시작했다. 나에게 공부는 중요하지 않았다. 그러다 보니 중3부터 성적이 마구 떨어졌다. 그런데 중3 담임선생님이 말했다. "너는 할 수 있는데 왜 자꾸 성적이 떨어지니? 너 자신을 포기하지 마." 나는 그게 으레 하는 말이려니 싶어 새겨듣지도 않았다.

내가 다니던 학교는 중·고가 같이 있는 학교였는데 내가 고등학교로 진학하자 중3 때 담임선생님도 고등학교로 올라오셨다. 그리고 이후에도 계속 외로운 나를 지켜보며 격려해 주셨다. 많은 선생님들이 다 내 성적이 떨어지는 걸 보며 포기하고 신경을 쓰지 않았는데, 그분만은 나에게 희망을 주고 포기하지 말라고 하셨다. 내가 이런저런 사건을 일으키고 선생님들에게 혼나고 모두가 손가락질하며 포기할 때에도 그분만은 나를 염려하며 걱정해 주셨다. 나는 그 선생님에게 받은 게 너무 많다. 빚진 자이다. 나를 믿어 준 그 선생님이 너무 고마워서 언젠가 이 빚을 반드시 갚으리라 다짐했다.

고3 때였다. 입시를 앞두고 방송으로 대학교 홍보방송을 보여 줬다. 한번은 우리 반에서 대학 홍보 강연을 촬영해서 3학년 전체로 내보내게 되었다. 그때 오신 분이 숭실대학교 박종삼 교수님이었다. 지금도 기억난다. 그때 박종삼 교수님이 이런 말씀을 하셨다. "인생은 빵을 만드는 법과 사랑하는 법이 가장 중요한데 이두 가지를 다 할 수 있는 분야가 있다. 그게 바로 사회사업이다. 그리고 대한민국에서 가장 실천 행동을 잘하는 곳이 숭실대학교 사회사업학과니까 와라. 내가 책임지겠다." 그러셨다. 다른 애들은 다 엎어져서 자는데 나는 그 말씀이 너무나 감동적이고 뇌리에 새겨졌다. 강연이 끝나고 교수님에게 달려가 "저 정말 숭실대학교 가면 받아 주실 거예요?"하고 물었다. 결국 박 교수님에게 반해서 진짜 숭실대학교에 갔다. 입학시험 면접 때 그 박 교수님을 만났더니 "너 정말 내가 오란다고 해서 왔느냐."라며 웃으셨다.

대학교에 진학해서 학교사회복지를 꿈꾸다

대학교 1학년 때 사회복지개론 시간에 처음으로 학교사회복지에 대하여 알게 되었다. 겨우 3개 문단 정도밖에 안 되었지만 나의 일생을 바꿔 놓았다. (이때부터 나는 개론의 중요성을 높이 인식하여 대학에서 교편을 잡을 때에도 1학년 사회복지개론은 반드시 내가 가르쳤다.) 대충 기억하자면 불우하고 어려운 학생들을 돕는 전문 사회복지 영역으로 학교에도 사회복지사가 근무하는데 선진국은 많이 있지만, 우리나라에는 아직 없고 도입될 전망이라는 것이었다. 이 내용을 읽고 나는 결단코 이것을 해야겠다, 나는 학교에 빚진 자이니 그 빚을 갚기 위해 산타가 되어 학교로 가려면 정말로 이걸 해야겠다고 다짐했다. 이후에 누가 "너 나중에 뭐 할래?" 그러면 나는 서슴지 않고 "응, 나 학교사회복지!"라고 말했다. 사람들이 "그거 안 돼. 우리나라에는 없어. 하지 마. 정신보건 해." 그렇게 말해도 "나는 학교사회복지 할 거야!"라고 고집했다.

대학교 3학년 때 최옥채 교수님(현 전북대 교수)에게 지역사회복지론을 배웠다. 교수님은 중간고사, 기말고사 없이 프로젝트 수업으로 운영하셨다. 교수님은 "시험을 안 보는 대신 지역사회 나가서 조직 하나 만들어서 그 과정을 기록하고, 이후에도 너희들 없이 그 조직이 운영될 수 있도록 만들어 봐. 그러면 A 준다." 그러셨다. 그래서 친구들과 삼삼오오 조를 짜서 만들어 본 조직이 '교회와 연계한 학교사회복지 조직'이었다. 내가 다니던 교회 제2 청년부 사람들에게서 구제헌금을 모아서 당시 나이 든 미혼 남녀 청년부 회원을 1대1로 짝지어 소년소녀가장을 돕는 프로젝트를 기획했다. 일할 사람은 구했다. '자, 그런데 학생들을 만날 학교를 어디서 구하지?' 그런데 희한하게도 그때 우연히 보이지 않는 손이 나를 도와주었다. 중·고등학교 시절 항상 '너는 할 수 있다'고 나를 격려해 주셨던 그 선생님이 화곡여상에서 학생부장으로 계셨던 것이다. 그래서 내가 이런 상황을 말씀드리고 학교의 어려운 학생들을 도와주겠다고 하니 그 선생님이 5명의 학생을 추천해 주셨다. 그래서 우리 교회 10명이 그 아이들과 만나서 헌금으로 밥도 사주면서 만나고 그랬더니, 교회 조직도 활성화되고 프로젝트를 했던 우리 조도 힘을 얻어서 성적 A는 물론 이후에도 이 청년구제그룹이 지속되었다. 그때 나는 광맥을 발견한 것이다. 이건 누가 해도 하면 된다. 지역사회 교회 청년 언니, 오빠들이 와서 계속 만나고 아이들을 위해서 기도해 주면 아이들이 힘을 내는 것이다. 몇몇 실업계 아이들이 어려운 가정 형편 속에서 공부를 열심히 했더니 나중에 취업도 잘 되고 그랬다. 이걸 봤으니 이제 어쩌랴. 이게 계기가 되어 학교사회복지를 우리나라에서 내가 하고야 말겠다는 결심이 더욱 굳어졌다. 그래서 대학교 졸업 논문도 학교사회복지로 썼다.

대학원생 최초로 학교 내에서 학교사회복지 실습

대학을 졸업하고 취업은 해야 하지만 학교사회복지를 하고 싶었다. 이때 태화기독교사회복지관(이하 태화복지관)에서 학교사회사업을 할 사람을 모집하는 공고가 떴다. 나도 솔깃해서 신청은 했지만 결국 면접은 포기했다. 생각해 보니 거기 가면 내가 5년

"

　마인드는 쉽게 바뀌지 않는다. 마인드란 누군가 "너 누구니?" 하고 물었을 때 "나 학교사회복지사야."라고 대답할 수 있어야 하는 것이다. 학교사회복지사는 학교사회복지사다워야 한다. 누구라도 나를 보고 "사회복지사이신가요?"라고 물을 수 있다면 좋을 것이고, "역시 사회복지사는 다르네요."라는 말을 들을 수 있어야 한다. 또 다른 교사의 모습이 되어선 안 된다.

"

후, 10년 후에도 학교사회복지를 하고 있을 가능성이 적었다. 복지관이라는 곳이 직무를 순환제로 돌려 가며 하니 말이다. 그래서 나는 복지관 취업을 포기하고 학교사회복지를 직업으로 할 방법을 찾기로 했다. 박종삼 교수님을 다시 찾아갔다. 그리고 현장 실무 경험도 없지만, 박종삼 교수님의 배려로 대학원에 입학하게 되었다.

대학원에 들어가고 나서 실습을 해야 해서 다시 화곡여상을 찾아갔다. 갔더니 학생부장이던 선생님이 교감이 되어 있었다. 교육학계 교생이 아닌 사회복지학 전공자로는 처음으로 교육실습생으로 학교에서 활동하기 위해 이사장까지 거쳐서 허락을 받아 냈다. 그리고 1년 동안 그 학교에서 실습을 했다. 당시 어느 문헌에서 본 기억으로 미국에서는 대학원생이 1,000시간의 실습을 한다고 했다. 그래서 그거 하나 믿고 나도 주 2일씩 1,350시간인가를 했다. 그 과정에서 나는 27명의 학생들을 만났다. 그중 24명 학생들과의 만남으로 석사 논문을 썼다. 학부 때 지역사회 프로젝트로 학생들을 만났던 것보다 더 깊이 들어갔다. 교사들도 하지 못하는 것을 내가 했다. 수업으로 가르치지는 않았지만 함께 울고, 집에서 돌봐 주고 했더니 아이들이 달라지는데 정말 놀라웠다! 이걸 보니 도저히 학교사회복지를 떠날 수가 없게 되었다. 이건 '금맥'이다 싶었다.

맨손으로 학교사회복지 현장을 만들어 가다

그렇게 해서 대학원을 졸업할 날이 다가왔지만, 또다시 학교사회복지를 하기 위해 갈 곳이 없었다. 어떻게 하나! 그때 박종삼 교수님이 막 숭실대학교에 부임한 노혜련 교수를 만나 보라고 하셨다. 노혜련 교수님은 나와 수업에서 만난 적도 없는데 내 사정을 듣고 교내 연구비를 받아서 대학원 졸업생인 나에게 김주미, 이혜주 등 대학원 실습생 4명을 붙여 주며 학교사회사업을 해 보라고 하셨다. 그래서 백석중과 동작중에서 1년 동안 학교사회사업을 했다. 하지만 연구논문을 못 써서 결국 대학교에 연구비(당시 270만 원)를 다 되돌려 갚아야 했는데 노혜련 교수님이 다 내 주셨다. 나는 노혜련 교수님께 빚을 진 자이다. 그런데 정말 희한한 건 그때 같이 참여했던 사람들 모두가 '이건(학교사회복지는) 정말 된다!'라고 느낀 것이었다. 특히 김주미 선생이 그랬다. 열정적으로 일도 잘해서 이후에 학교사회사업실 자리를 그에게 물려주었다.

이 무렵 국민복지기획단 권유로 교육부 연구학교사업이 시행되었다. 서울과 광주, 대전에서 한 것 같은데 서울은 무학여고에서 한인영 교수의 지도로, 대전은 오창순 교수가 정신보건사회복지와 연계해서, 그리고 광주는 북성중에서 교사가 사업을 운영했던 것으로 기억한다. 학교당 예산도 아주 적어서 연간 500만 원 남짓 했는데, 사회복지사가 주 1~2회 학교에 방문해서 소수 학생들을 잠시 만나서 면담하고 프로그램 한두 개 했던 것 같다. 사실 제대로 된 학교사회사업을 했다고 말하기는 어렵지만 훗날 교육부 시범사업 또는 연구사업의 전례가 되었으니 그것도 나름의 의미가 있다고 본다.

대학원 졸업 후
학교사회복지계에서
하신 일들을 소개해 주세요

서울특별시교육청 시범사업 학교사회복지사

숭실대학교 연구비로 했던 백석중, 동작중에서의 프로젝트가
끝나자 또 갈 데가 없어졌다. 그래서 박종삼 교수님의 TA연구소
에 연구원으로 있었을 때 노혜련, 김연옥 교수가 서울시교육청 시
범사업을 하겠느냐고 연락을 주셨다.

당시 학교폭력으로 사망한 아이들 사건이 몇 건이 있어서 학교
폭력이 사회적으로 큰 이슈 중 하나였다. 그런데 마침 김연옥 교
수의 수업을 들은 이 중에 서울시의원이 있었다. 그이는 학교사회
복지에 대한 강의를 듣고 의회의 서울시교육청 질의 때 학교폭력
의 대응책으로 학교사회사업을 해 보라고 제안을 했고 시의원들
을 설득해서 예산을 마련했다. 학교당 2,000만 원씩 6,000만 원
에 기타 운영비를 보태서 총 8,600만 원인가를 내려보내 주어 시
교육청이 사업을 하게 되었다. 이때 서울시교육청 담당자는 김성

심 장학사였는데 서울대학교 사회복지연구소에 연구용역을 주어 약 13개월 동안 연구를 운영하게 하였다.

서울대학교 사회복지연구소장이던 김상균 교수의 지휘하에 서울시립대학교 김연옥 교수는 광신고에서, 숭실대학교 노혜련 교수는 영등포여상(한가람고는 당시 영등포여상과 겸임으로 교장을 하고 있던 이옥식 교장의 요청으로 개입하게 되었다)에서, 그리고 연세대학교에서 복지관 학교사회복지사업 실천 경험이 있는 김기환 교수가 연북중을 책임지고 사업 운영관리 및 슈퍼바이저로 합류하게 되었다. 이때 나는 13개월에 연봉 1,000만 원이지만 처음으로 급여를 받고 일했다. 실무자로서는 나와 김영화(현 화원종합사회복지관 관장), 이상균(현 가톨릭대 교수) 이렇게 셋이서 너무나 재밌게 일했다. 이때야 비로소 제대로 근로계약서를 쓰고 급료를 받는 공식적인 학교사회복지사로 일한 것이다. 그전까지는 그냥 내가 하고 싶어서 해 본 자원봉사활동이었다면 이때부터는 정식 근로자로 일한 학교사회복지사업이었다.

이때 나는 영등포여상과 한가람고에서 '학교사회복지실장'이란 직함을 주고 부장회의에도 참석할 수 있게 해 주었다. 하지만 아이들은 'school social worker'라는 문패를 낯설어했던 것 같다. 그래서 이벤트를 기획해서 사탕을 나눠 주기도 하고 복지실로 찾아온 아이들 면담도 하고 그랬더니 아이들이 쇄도해서 복지실이 항상 바글바글했다. 나는 상담교사도 못한 일들을 해냈고 학교는 1년 뒤에 고용연장을 제안해 왔다. 학교 정관을 개정하고 3년 고용 조건으로 바꾸었다. 나는 실장이 되었고, 이때 실습생 출신의 김주미와 이혜주가 재단 산하 두 개의 학교에 각각 학교사회복지사로 들어갔다. 그러나 그 기간이 끝난 후에는 기간이 연장되거나 정식 고용되지는 못했다.

어쨌든 현장이 점점 달궈지니 실습생도 필요하고 대학원 실습생을 교육하는 한편, 실천가들끼리 서로 연결되고 연대해야겠다는 필요성도 덩달아 점점 고조되었다.

학교사회사업실천가협회를
출범시키다

　그러던 중 1998년에 미국 시카고에서 제1회 세계학교사회복지
사대회가 열렸다. 이때 성민선, 한인영, 김기환 교수 등이 참석해
서 나도 같이 따라갔다. 김기환 교수는 대회 장소가 유학했던 모
교이기도 해서 전 세계에서 모인 참석자들 앞에서 강연도 했다.
교수들은 영어도 잘하고, 지인도 만나고, 바빴다. 그러나 나는 국
내파 실무자로서 첫 세계대회에 참석하였기에 모든 것이 낯설고
힘들었다. 그때 성민선 교수가 자기 발표 때 나에게 10분 시간을
허락해 주었고 이때 유학생이 통역을 해 줬다. 내 발표는 많은 참
여자들에게 호응을 받았다. 나의 10분 발표를 들은 성민선 교수
는 "하늘은 스스로 돕는 자를 돕는다."라고 하면서 실천가들의 자
조적 모임을 만들어 보라고 조언을 해 주었고, 이때 나는 한국에
돌아가서 실천가협회를 빨리 구성해야겠다고 결심했다. 학교사
회복지 실천가들끼리 연대하자!

그렇게 이상균, 김영화와 셋이서 시범사업을 끝내고 둘러보니 학교보다 지역복지관에서 학교사회사업 프로그램을 하는 사람들이 상당히 많았다. 이들을 동지로 생각할 수 있지 않을까 하는 생각을 했는데 마침 노혜련 교수님이 김상곤 선생을 소개해 주며 만나 보라고 했다. 김상곤 선생은 1995년에 동작중학교에서 사업할 때 와서 같이 일을 해 본 경험이 있는데 그때 보니 학교사회복지 실천 쪽으로 잘 오리엔티드된 사람이구나 싶었다. 그와 얘기를 나눠 보니 그 역시 학교에서 활동하는 학교사회복지사들끼리의 연대가 필요하다고 느끼고 있었다. 그래서 우리 세 사람이 주축이 되어 준비를 해서 김상곤 선생이 부장으로 있던 중앙대 복지관에서 첫 모임을 갖고 학교사회사업 실천가협회를 준비하는 위원회를 발족시키고 내가 위원장, 김상곤이 부위원장이 되었다. 이때 김영화 외에도 복지관에서 학교사회사업 프로그램을 하던 홍선경, 안정선도 만나게 되었다. 이들과 실천가협회 준비위원회를 만들었지만 만날수록 정체성이 좁혀지질 않았다. 어떻게 하면 좀더 가까워지고 하나로 연대할 수 있을까 궁리 끝에 연수사업을 하게 되었다. 즉, 우리가 경험한 학교사회사업 노하우를 공유하는 연수를 하자고 한 것이다. 드디어 1998년에 가양4복지관에서 학교사회사업가협회 준비위원회 발기모임을 하였고, 1999년 2월에는 준비위원회와 학교사회복지학회가 공동으로 영등포여상에서 학교사회복지 대학원생을 대상으로 연수를 실시하였다.

2000년도 당시에 서울대학교 조흥식 교수님이 2대 학교사회복지학회장이 되었는데 이분은 시민운동을 해 봤고 정의감과 약자를 배려하는 마인드가 있으셔서 우리 실천가들을 많이 이해하고 응원해 주셨다. 우리가 실천가협회 준비위원회를 한다고 하니 기왕 할 거면 빨리 해라, 내가 다 도와준다고 하셔서 2000년 8월에 속리산에서 학회와 공동으로 실시하는 학교사회사업실천가 연수를 마치고 학교사회사업실천가협회를 발족하게 되었고, 그곳에서 초대 회장으로 내가 추대되었다. 조흥식 교수님은 당신이 학회장일 때 인큐베이팅해서 우리 협회가 만들어진 것이라 그런지 우리 협회에 특별한 애정을 가지시고 지금껏 격려해 주시고 도와주고 계시다.

실천가협회는 발족했지만 돈도 없고 조직도 초라했다. 우리는 안정선 선생이 있던 태화복지관에 짐을 두고, 전화는 김상곤 선생이 중앙대 복지관에서 받아 주기로 했다. 임원회를 하면 복지관의 짐 쌓인 좁은 공간에서 작은 테이블에 둘러앉아 회의를 했다. 그리고 이후에도 재정 형편이 좋지 않아 전세, 월세를 전전했다. 그렇지만 다들 무엇에 홀린 듯 신나게 일한 것 같다.

2000년 가을 학교사회사업실천가협회
회장으로 참석한 행사에서

사회복지공동모금회
기획사업은 한국 학교사회복지
실천의 주춧돌

사회복지공동모금회 기획사업의 출발과 확산

서울시교육청의 시범사업밖에 없던 초기에 중앙 사회복지공동모금회에서 학교사회복지 기획사업을 하게 되었다. 이건 정말 대단한, 역사적인 사건으로 꼭 기억해야 한다.

이게 쉽게 이루어진 것은 아니었다. 당시 배분분과 위원장이 조흥식 교수, 위원으로 이태수 교수가 있었는데 무려 7차까지 기획회의를 하고도 좀처럼 결의가 나지 않았다. 그런데 8차 회의 때, 서울시교육청 시범사업 슈퍼바이저이던 노혜련, 김기환 교수가 참석해서 자료를 제출하고 설득력 있는 설명을 해 준 덕분에 결정이 났다. 김기환 교수님은 내가 박사과정 당시 연세대에 가서 청강도 하고 그랬는데 정말 스마트한 분이다. 그래서 이분들이 '기간은 최소 3년 이상 해야 된다. 왜냐하면……, 학교사회복지사 임금은 4대 보험 포함해서 최소 연봉 2,000만 원은 되어야 한다. 방식은 ······하게 하고, 사업비는 1,000만 원은 되어야 한다. 그래야 ······.' 이런 식으로 예를 들고 이유를 들어 조목조목 설명을 했다. 그래도 위원들은 질문을 했다. 그렇게 좋은 사업이면 국가가 해야지, 왜 민간이 하느냐고. 그러자 또, '그렇다, 이렇게 필요하고 좋은 사업인데 아직 교육부는 이걸 모르고 할 의지도 없으니, 우리가 해서 알려야 한다. 공동모금회도 국민이 낸 돈으로 사업하지 않는가. 국가가 하지 않거나 못하는 일을 우리가 기획하여 보여 주고 국가나 지자체가 하도록 견인하는 역할을 해야 한다. 기획사업 끝난 후 정부나 지자체가 받아서 하도록 하자!' 했더니 최종 승인이 났다.

그런데 학교사회복지사 근무 모델로 학교 상주형과 함께 복지관 고용형(학교 파견형)을 동시 시행하게 되었다. 당시 복지관을 통해 학교사회복지 프로그램을 하는 곳이 많았으니 그것을 확대해서 활성화해 보자는 의견이 강했다. 그래서 고용 주체와 예산집행은 복지관이 하되, 복지사의 근무는 학교에서 하는 것으로 해서 복지관 고용형 5개교, 그리고 학교에서 고용하고 예산도 집행하고 근무도 하는 학교 상주형 6개교의 두 가지 모형으로 시작되었다. 이 두 개의 모형을 심의하고 결정하는 과정에 많은 논란이 있었는데 운영해 보니 복지관 고용형 모델에서 학교사회복지사들의 어려움이 상당히 많이 발견되었다. 슈퍼비전을 받으면 복지사들이 펑펑 울곤 했다. 학교와 복지관 2명의 시어머니 또는 주인을 섬겨야 하면서 겪는 혼란과 어려움이 컸던 탓이다.

그런데 1차 기획사업이 끝나가도 정부나 지방교육청이 이 사업을 채택하려 하지 않았다. 그래서 민간에서 조금만 더 끌어 주자고 해서 이후에 학교사회복지사들과 슈퍼바이저들이 지역모금회에 제안서를 쓰고 결과를 발표하고 설득하고 해서 다시 지역별로 기획사업을 따내서 몇몇 곳에서 시행이 연장되었는데, 이때에는 학교 상주형 단일모델로 추진하게 되었다.

사회복지공동모금회 기획사업은 교육복지우선지원사업의 마중물

사회복지공동모금회 기획사업의 파장은 어마어마했다.

학교사회사업의 성과에 대하여 교육부 안병영 장관이 듣고 "민간에서 이렇게 하는데 교육부가 해야되지 않겠나, 교육복지투자사업에서도 이걸 보고 우리가 하자."고 한 것이다. 서울시교육청 시범사업은 단기이니 교육부가 장기적으로, 전국적으로 하자고 한 것이다. 이것이 교육복지투자우선지역지원사업, 지금의 교육복지우선지원사업의 마중물이 되었던 것이다.

그 당시 일각에서는 교육복지 실천은 언젠가 교사가 해야 할 일이고 지역사회교육전문가(지금의 교육복지사로 명칭이 바뀌기 전의 직책)는 당분간 임시로 징검다리처럼 일을 담당하는 것이라는 주장이 드셨다. 공공모금회 기획사업이나 2004년에 교육부에서 시작한 사회복지사 활용 연구학교에서 학교사회복지사 출신의 실천가들이 일을 잘하고 효과도 나오고 세가 커지니 이전에 학교사회복지사들이 학생복지에 기여한다고 지지하고 응원하던 태도를 바꿔서 우리를 경계하고 음해하기도 했다. 속상한 일도 많았지만 전국의 학교에서 실천의 일선에 있던 학교사회복지사들은 아이들 생각 하나로 열심히 일했고 늘 변화를 만들어 냈다.

학교사회복지 역사에서 너무 중요한 일이니 다시 정리해 보자. 중앙사회복지공동모금회 기획사업의 의의는 다음과 같이 몇 가지로 요약할 수 있겠다. 첫째, 민간 차원에서 여러 해 동안 학교사회복지 실천의 토대를 놓을 수 있게 지원한 것, 둘째, 전문인력으로서의 학교사회복지사를 양산하는 통로가 된 것, 셋째, 중앙에 머물지 않고 지역공동모금회사업으로 확산되는 기반이 된 것, 넷째, 마침내 국가(교육부) 주도의 교육복지투자우선지역지원사업의 증거 기반이 되었던 것, 마지막으로, 이를 통해 훌륭한 학교사회복지사들, 헌신적인 인재들이 모이게 되는 중심축이 된 것이다.

아, 우리나라에 이것 없었으면 어떻게 되었을까! 상상할 수도 없다. 우리가 기억하고 이야기하고 기록하지 않으면 없어질 역사인데 이렇게 책으로 나오게 되어서 너무나 기쁘다.

그동안 도와준
고마운 사람들

　제일 먼저 삼성복지재단 김성원 과장(현 삼성복지재단 상무)이 떠오른다. 학교사회복지의 필요성을 인지하여 삼성복지재단이 지원하여 우리나라에서 최초로 복지관 중심의 학교사회복지가 실행될 수 있도록 해 준 고마운 분이다.

　또한 서울시교육청 김성심 장학사(교장)가 생각난다. 이분은 교사 출신이지만 학교사회사업 시범사업을 담당하면서 학교사회복지사의 역할을 이해하고 깊이 공감해 주었다. 현장에서 답이 나와야 한다면서 학교사회복지를 여러모로 응원해 주시고 한때 협회 이사장까지 맡아 주셨다. 한동안 말이 많았던 공동모금회사업 위원장으로서 학교를 선정할 때도 주관해 주셨다. 그리고 내가 한가람고에서 해직되고 박사과정에 들어가며 안팎으로 힘들 때 구일고에서 학교사회복지사로 일을 할 수 있게 배려해 주셨다. 그분이 너무 고맙다, 진심으로.

그리고 고(故) 김상곤 교수이다. 협회를 처음 만들었을 때 협회 관련 일을 할 곳이 없으니 중앙대 복지관 사무실 공간을 내주었다. 그는 아침 7시에 출근해서 자정 넘어 퇴근하면서 일을 해 주었다. 당시 중앙대 복지관 관장 김성천 교수님에게도 너무나 고맙다.

협회 설립하고 기획사업, 시범사업을 추진하며 연수사업 등을 하느라 분주하던 초기에 도와주신 교수님들 다 고맙다. 성민선, 조흥식, 김연옥, 이태수, 김기환, 노혜련, 김혜래, 홍순혜 교수님 등 너무 감사하다. 특히 오창순 교수님은 특별한 벌이가 없었던 나에게 귀한 강의를 주시면서 격려를 해 주셨다.

그리고 교육운동 했던 사람들 중 전교조 참교육연구소 사람들이 우리를 좀 도와주었다. 당시 김경욱 소장님(단대부고), 조오영 참교육연구소 교육국장님 등 전교조 교사들이 우리를 많이 도와주었다. 그래서 교사 대상 전교조 참교육연구소 연수 때 우리 학교사회복지사를 데리고 가서 경험을 소개하기도 했다.

교육부의 신익현 국장님(당시 사무관)도 고맙다. 교육복지투자우선지역지원사업 시범사업을 추진하며 전국으로 확대할 모델을 연구할 때 김민 교수, 김영삼 선생, 품 청소년공동체의 심한기 사회복지사 등과 같이 일했는데 신익현 국장이 학교사회복지 관련 문건들을 찾아 읽고 초등학교 교사이던 부인의 도움을 얻어 학교사회복지사들의 활동상에 대해서도 조사를 해서 알고 있었다. 이루어지지 않았지만, 교육복지투자우선지역지원사업의 실무자, 실천가는 학교사회복지사로 해야 한다고 말씀해 주시기도 했다.

그 이후로 교원대 교수로 계시다가 은퇴하신 김인희 교수님(당시 교육부 근무)이 고맙다. 이분은 정말 철학이나 가치관이 학교사회복지와 아주 유사하시다. 오랫동안 학교사회복지학회와도 교류하시며 교육복지사업 내실화에 힘써 주셨다.

또 장덕호 교수님(교육부 사무관 출신 상명대 교수)도 교육 관련법을 개정해서라도 학교사회복지사들이 안정적으로 학교에 고용되어 활동할 수 있도록 제3의 길을 열어야 한다는 연구를 해서 발표하기도 하셨는데 학교사회복지에 대한 이해가 깊으시고 너무나 고마운 분이다.

온통 다 감사한 분들뿐인데 가장 고마운 사람들은 현장을 지켜준 학교사회복지사 분들이다. 부산상고(모금회 기획사업)에서 일하다가 부산지회를 전국 최초로 발족시킨 김지연 선생(지금은 한국청소년정책연구원 근무) 같은 이들이 너무나 열정적으로 열심히 일했다. 고생을 하면서도 만나면 즐거운 얼굴이었다. 이런 생각도 난다. 김해인가 한국통신연수원에서 연수할 때 우리끼리 민중가요인지 학생 운동가요인지 노래를 불렀더니 박경현 선생이 나중에 "우리가 무슨 설움과 압박을 당했는데!" 하면서 확 깨는 멘트를 날렸다. 그래서 그녀와 동지의식이 생기려다 깨지고 말았다(웃음). 교직 생활을 하며 시국사건에 연루되어 고생도 해 보고 와서 그런지 우리의 낭만적인 학교사회복지 실천에의 꿈에 찬물을 끼얹고 경각심을 갖게 하는 쓴소리를 많이 했다. 김주미, 이혜주, 김영화, 성신명, 최경일, 임정임, 조성심, 전구훈 등 고마운 사람들이 너무 많아서 모두 다 거론할 수가 없다.

학교사회복지에서 가장 중요하게 생각하는 것은 무엇인가요?

마인드!

지식과 기술은 보충하면 된다. 역량? 해도 해도 부족하다. 애정과 열정? 그것도 어렵지 않다. 그러나 마인드는 쉽게 바뀌지 않는다. 마인드란 누군가 "너 누구니?" 하고 물었을 때 "나 학교사회복지사야."라고 대답할 수 있어야 하는 것이다. 학교사회복지사는 학교사회복지사다워야 한다. 누구라도 나를 보고 "사회복지사이신가요?"라고 물을 수 있다면 좋을 것이고, "역시 사회복지사는 다르네요."라는 말을 들을 수 있어야 한다. 또 다른 교사의 모습이 되어선 안 된다. 학교사회복지 시범사업이나 기획사업, 연구학교를 할 때에는 짧으면 1년에서 길어야 3, 4년이면 끝난다고 생각하니 긴장도 되고, 뭔가 달라야 한다는 압박감에서 학교사회복지사답고, '스럽게' 일했던 장점이 있었다. 그런데 이제 교육복지우선지원사업이 20년 가까이 되고 보니 일부에서는 사회복지사가 상담교사나 교사 같은 모습을 보인다. 점점 더 그렇게 변하는 것 같다. 어느 순간 보니, 학교의 자기 사무실에 앉아 있는 시간이 너무 길고 가정과 지역사회로 나가지 않고, 학교 밖을 보려고 하지 않는다. 말로만 학교사회복지사라고 해선 안 된다. 그런 마인드가 행동과 실천으로 나타나야 한다.

내가 교수로 있을 때 우리 대학교 학생들이 있는 실습 현장을 방문하기 위해 학교의 복지사에게 전화를 하고 방문하곤 했다. 그러면 어떤 이는 "네네, 오세요. 그때 봬요." 하고 끝이다. 그럼 나는 처음 간 학교에서 어느 건물인지, 몇 층이고 어느 계단을 이용해야 하는지 몰라서 허둥대다 겨우 찾아간다. 만약에 학부형이나 외부 손님이 방문할 때에도 그렇게 맞이한다면 어떻겠는가. 자신은 쉬운 길이지만 외부인은 다르다. 상위 부서 사람이 오면 현관에 간판도 세우고 마중 나가면서, 학부모나 손님을 대할 때는 "알아서 오세요." 그래서는 안 된다. 그럴수록 더 귀하게 대하고 맞이해야 한다. 가끔 "몇 시쯤 오시나요? 지금 근처세요? 제가 나갈게요." 그러면서 교문으로, 현관으로 나온 학교사회복지사들이 너무 소중하고 고맙다. 그들은 면담을 마치고 나갈 때도 현관까지 나와서 배웅을 해 준다. 나는 그들이 진정한 학교사회복지사라고 본다. 교사들이 자기 학교가 있는 지역사회를 모르듯이 지역사회를 모르는 학교사회복지사들도 많은 것 같다. 그러면서 교사처럼 교육과 상담으로만 학생을 통제하고 변화시키려 하고 지역사회를 움직이려 하지 않고 가정과의 협력을 힘겨워한다. 이것은 학교사회복지사의 모습이 아니다.

이게 마인드의 차이이다. 사회복지사라면 가정과 지역사회를 학교보다 더 많이 연락하고 방문해야 한다. 나머지 지식과 기술은 외우고 책 읽고 배우면 된다. 법정 연수가 아니면 나오지도 않고 배우려고 하지도 않고 20년, 30년 후에 늙어서 어떤 말을 듣게 될까. 미국 학교사회복지 연수를 가 보니 거기서는 손님을 현관에서 맞이해 주었다. 지역사회 센터나 기관에 방문할 때도 동행해 주었다. 그런데 우리나라에서 교육복지사로 있는 학교사회복지사들은 요즘 그러지 않는 것 같다. 지역 복지관에 자신도 안 가고, 나를 동행해서 가 주지도 않는다. 마치 학교에서 근무하는 실무자는 지역에서 일하는 복지사들보다 더 우월하다는 인식이 있는 것 같다. 자신들도 모르게 교사와 동급이라고 착각하는 것 같다.

학교사회복지사는 사회복지사여야 한다. 학력, 지식, 출신을 막론하고 학교사회복지사라는 정체성을 가지고 '학교사회복지사다움'을 잃지 않았으면 한다.

10

김용길

세화종합사회복지관장

한국학교사회복지사협회 강사

전 한국학교사회복지사협회 부회장

학교사회복지와
연결된 계기가
궁금해요

　나는 숭실대학교 일반대학원에서 사회사업방법론을 전공하였고, 사회복지사로 25년째 현장에서 근무하고 있다. 현장 경력 25년 중에 15년 가까이 청소년복지, 학교사회복지, 위기청소년 사례개입 등 청소년을 위한 사업을 담당했는데, 그중 학교사회사업을 담당했던 기간은 5년 정도 되는 것 같다.

태화기독교사회복지관 청소년팀장

　태화기독교사회복지관(이하 태화복지관)은 1995년 10월에 서울시 강남구 수서동의 현 위치로 이전하였는데, 그때부터 지역의 청소년들을 위해 다양한 사회복지사업을 전개하였다. 그중에는 학생들의 학교생활을 돕기 위한 학교사회사업, 학교부적응 학생들의 적응력 향상을 위한 대안교실, 학업중단 청소년을 위한 스마일학교, 청소년의 약물남용 예방과 치료를 위한 약물상담실 및 약물

협의회, 청소년 문화활동 지원, 청소년 자원봉사활동 등이 있었다. 태화복지관은 기독교정신과 사회복지 실천을 통해 청소년들이 당면한 어려움을 잘 넘어서서 건강한 어른으로 성장할 수 있기를 바랐다.

내가 태화복지관에서 본격적으로 학교사회복지 업무를 하게 된 것은 2001년 청소년팀 팀장이 되면서부터이다. 나는 평소 관심이 있던 학교지원 프로그램을 확대하여 운영했다. 이전에도 대학원에서 조금 배운 것과 한국학교사회복지실천가협회(현 한국학교사회복지사협회)를 통해 접한 학교사회사업 실천지식과 기술을 적용하려고는 했지만 미미했었는데, 2001년부터는 본격적으로 개입하여 실천하게 된 것이다. 청소년팀을 맡으면서 '어떻게 하면 학교에 적응하지 못하고 중도 포기하는 아이들, 작고 큰 여러 어려움 때문에 학교생활이 고통스러운 학생들을 도와 이들이 즐겁고 행복하게 학교생활을 하도록 도울 수 있을까?' 하는 질문이 나를 사로잡았다.

학생의 눈높이에서 학생을 만나다

당시 학교사회복지 실천의 비전을 '태화가 바라는 학교사회복지사업은 학생들을 학생들의 눈높이로 바라보고 선생님과 학생들이 함께하는 즐거운 학교생활을 만드는 것입니다.'라는 문구로 제

수서중학교 학교사회사업실 풍경

시했다. 학교현장에서 학생들의 욕구에 맞춘 다양한 프로그램을 시도하며, 끊임없이 연구하고 개발한 결과물로 임상사회연구집과 청소년복지 프로그램 매뉴얼을 제작하여 지역의 학교와 유관기관에 활용할 수 있도록 공유했다. 이러한 태화의 학교사회복지사업 실천은 우리나라 초창기 학교사회복지의 기틀을 다지는 것에 기여한 바가 분명하다고 생각한다.

수서중학교를 시작으로 한 학교사회사업은 이후 지역에 있는 여러 초·중·고등학교(대치중, 숙명여중·고, 국악고, 수서초, 세종고 등)에서 프로그램을 의뢰해 옴에 따라 학년단위 집단프로그램, 소그룹 진로탐색 프로그램, 인터넷중독 예방캠페인, 청소년 동아리 및 CA활동, 상담실 운영 등으로 이어졌다. 2021년 현재에도 많은 후배 사회복지사들이 여전히 학교현장에서 열정적으로 청소년과 그 가족을 돕고 있는 것에 감사한 마음을 전한다. 지금은 기관장으로 직접 실천은 하지 못하고 있지만, 직원들이 학교사회복지 실천을 잘할 수 있도록 지역 내 학교와의 네트워크 활성화에 힘쓰고 있고, 학교운영위원으로 참여하고 있으며, 실천방법에 대한 조력자로서 역할을 하고 있다.

66

당시 학교사회복지 실천의 비전을 '태화가 바라는 학교사회
복지사업은 학생들을 학생들의 눈높이로 바라보고 선생님과
학생들이 함께하는 즐거운 학교생활을 만드는 것입니다.'라는
문구로 제시했다.

99

학교사회복지계에서 하신 일들을 소개해 주세요

수서섬의 아이들과 스마일 학교

1990년대 중후반 당시 태화기독교사회복지관이 있는 수서 지역은 영구임대아파트 단지를 중심으로 주거지역이 형성되어, 강남구의 다른 지역과 달리 '수서섬'이라고 불릴 만큼 낙인적인 요소가 많았다. 그 안에 사는 청소년들은 수서섬을 벗어나고 싶어 했지만 그것은 불가능한 꿈처럼 보였다. 수서 지역의 청소년들은 팍팍한 가정환경 속에서 학교생활 적응에 어려움을 겪었고, 약물 오남용(술, 담배, 본드 등)과 학업중단 같은 문제를 겪고 있었다.

그래서 지역사회 학업중단 청소년을 위한 '스마일 학교'를 열었다. 여기서는 학생들이 검정고시를 치를 수 있도록 지도하고 상담을 제공하는 등 청소년들이 학업을 이어 갈 수 있도록 도왔다. 스마일 학교를 통해 만난 청소년들이 지금도 많이 기억에 남는다. 그중 민철이는 여러 어려움을 극복하고 검정고시 합격 후 꿈을 이루기 위해 일본에 가서 정착했는데, 내가 장안종합사회복지관에서 근무할 당시 30대의 듬직한 가장의 모습으로 나를 찾아와 감동을 주었다.

"방황하던 청소년기, 스마일 학교에서 선생님을 만나 그 시간을 잘 견디고 극복할 수 있었어요."

멋지게 성장한 민철이를 다시 만난 순간의 반가움과 기쁨은 평생 기억될 사회복지사로서의 보람이다.

지역사회 학교들과의 협력

태화복지관이 수서로 간 뒤 이듬해인 1996년, 수서중학교의 문을 두드렸다. 학교사회사업을 통해 학생들의 심리적 · 정서적 안정, 정신건강, 학교생활 부적응 문제 등을 지원하기로 한 것이다. 복지관 팀원들과 다양한 프로그램을 개발해서, 학급 단위로 문제예방 프로그램(학교폭력, 인터넷중독, 약물중독)과 심성훈련 프로그램, 진로탐색 집단지도, 학습동기화 집단지도, 리더십향상 프로그램, 자원봉사교육 등을 진행하였다. 또한 교사연수와 부모교육을 통해 교사, 보호자들과 손을 잡고 청소년들의 문제를 해결하도록 돕고자 했다. 이때 부모의 방임과 학대로 심리적 어려움을 겪다가 자살까지 시도한 미림이가 학교사회복지실의 개입을 통해 중학교를 무사히 졸업하고 고등학생이 되어 다시 만날 수 있었던 것도 기억에 남는다.

수서중학교 서울시교육청 학교사회복지시범사업

이후 수서중학교 학교사회사업이 서울특별시교육청의 시범사
업으로 인정되어 2002년에 교내에 학교사회사업실을 마련하고
학교사회복지사를 파견했다. 학생들을 위해 보다 전문적이고 포
괄적인 학교사회사업 활동을 전개할 수 있게 된 것이다. 나는 사
회복지를 전공하는 실습생들과 함께 주 3회 수서중학교를 방문하
여 10평 남짓한 학교사회사업실인 '푸른나눔터'에 머물면서 학생
들과 교사들을 만났다. 어느 토요일, 어둡고 침침한 학교 분위기
를 밝게 바꿔 보자고 실습생, 자원봉사자들과 함께 온종일 페인트
칠을 하며 복도와 상담실에 벽화를 그렸던 기억이 아직도 생생하
다. 고된 작업이었지만, 푸른나눔터의 벽화가 한동안 학교의 명
물로 견학코스가 되었고, 무엇보다 학생들이 많이 찾아오고 머물
고 싶은 공간이 된 것에 뿌듯함을 느꼈다.

해외연수

삼성복지재단은 1995년부터 '작은나눔 큰사랑' 사업의 일환으
로 학교사회복지 프로그램을 적극적으로 지원하기 시작했다. 태
화, 은평 등 몇몇 복지관들이 이 사업을 통해 인근 학교와 접촉하

고 학생들을 대상으로 학교사회복지 프로그램을 시도했다. 학교를 거점으로 학교장에게 채용되어 학교 조직에 소속되어 일하는 방식인 학교 상주형 학교사회복지 실천과 어깨를 나란히 하고 함께 나아간 '복지관 중심 학교사회사업('학교 파견형'이라고도 함)'이었다.

1997년에는 서울에 있는 복지관을 거점으로 학교사회복지 실천을 하는 기관들(태화기독교사회복지관 외 5개 기관)의 담당 실무자들이 연합하여 삼성복지재단에서 지원하는 공모형 해외연수 사업에 신청을 했다. 슈퍼바이저는 당시 연세대학교 사회복지학과 김기환 교수님이었다. 우리는 선정이 되어 미국 여행길에 올랐다. 이때 시카고 학교사회복지 현장을 탐방했던 것이 아마도 우리나라 학교사회복지사들이 최초로 경험한 학교사회복지 해외연수였을 것이다. 15일 정도의 기간 동안 시카고대학과 로욜라대학, 그리고 시카고 내 중·고등학교에 가서 학교사회복지사들을 만났다. 그리고 그들이 구체적으로 학교에서 어떤 역할을 하고 있는지 회의뿐 아니라 실제 집단프로그램 참관을 통해 몸소 듣고 볼 수 있었다. 그리고 돌아와서는 연수에서 보고 들은 것, 가져온 매뉴얼을 참고해서 실천에 적용해 보았다. 짧은 기간이었지만 새로 발견한 여러 가지 정보와 자료를 분석해서 실천현장을 발전시키고자 노력했던 당시 실천가들의 모습이 생생하다.

66

"방황하던 청소년기, 스마일 학교에서 선생님을 만나 그 시간을 잘 견디고 극복할 수 있었어요."

멋지게 성장한 민철이를 다시 만난 순간의 반가움과 기쁨은 평생 기억될 사회복지사로서의 보람이다.

99

함께한
고마운 사람들

지역사회 청소년을 위한 학교사회복지사업 토양을 만들고, 전문성을 갖춘 복지사업으로 자리매김하기까지 많은 선배와 동료, 유관기관 실무자, 자원봉사자들의 협력이 있었다. 특히, 학사사(학교사회복지를 사랑하는 사람들의 모임)에 속한 사회복지 전공 대학생과 대학원생들, 지역주민들의 도움이 있었기에 다양한 사업들을 시도하고, 잘 감당할 수 있었다.

이러한 학교사회복지 실천을 할 수 있도록 배려하고 지지해 주신 당시 태화기독교사회복지관 김현숙 관장님과 현장의 동료로서 함께 고민하고 협력했던 안정선 선생님(현 한국성서대 교수), 이아진 선생님(현 태화복지관 부장), 임장현 선생님(현 태화복지관 팀장), 윤호순 선생님(현 밝은미래아동상담소 소장) 등 수많은 학교사회복지 실천 전문 자원봉사자 선생님들에게 깊은 감사를 드린다.

그리고 지금은 성함도 잊어버렸지만 그 당시 처음으로 학교 내

학교사회복지실 운영을 허락해 주신 수서중학교 교장 선생님과
상담부장 선생님의 협력과 배려를 잊을 수 없다.

학교사회복지에서 가장 중요하게 생각하는 것은 무엇인가요?

분명한 목표의식과 사회복지적 접근

그 당시 학교사회복지를 하면서 주된 관심과 개입의 방향은 학교생활 부적응 학생들이 학교생활에 잘 적응할 수 있도록 학교생활 적응력을 강화시키는 것이었다. 그래서 학급별로 진행하는 대집단 프로그램과 방과 후 소규모 집단 프로그램을 병행하여 예방과 치료의 효과를 얻을 수 있었다. 또한 학생과 교사가 함께 행복한 학교 만들기 활동을 통해 학교 구성원들이 서로에 대한 이해와 관심을 긍정적으로 증진하도록 도운 것이 효과가 있었다. 그 결과, 학교 중단율이 감소하고 학생들의 학교에 대한 인식이 긍정적으로 변화하였다. 동시에 학생들을 둘러싼 환경에 대한 개입으로 교실 벽화, 불합리한 비인권적 내규 조정, 학생의 옹호자·대변자로서의 역할 수행, 가족개입, 부모상담 등을 통해 근본적 변화와 변화를 위한 환경체계를 구성한 것이 효과를 거둔 것으로 보인다.

무엇보다 학교사회복지가 전무하던 시절, 학교사회복지에 대한 인식을 확산하고 그 효과를 입증하는 데 기여했고, 이러한 결과를 통해 다른 학교에서도 학교사회복지가 시행될 수 있도록 사업을 확대하는 데 기여했다고 자부한다.

그러나 여전히 학교 현장에서 학교사회복지사의 고유하면서도 전문적인 영역에 대한 명확한 자리매김과 법적·제도적 정비와 지원이 부족하다. 학교사회복지사의 정체성을 교육계와 사회 전반으로부터 인정받을 수 있도록 계속 노력해야 할 것이다. 이를 위해서는 다양한 명칭과 상이한 지원방식으로 운영되고 있는 학교사회복지 실천 전문가들의 통합적인 연대와 협력이 중요하며, 학교사회복지나 교육복지라는 이름 외에 다양한 복지현장에서 학교사회복지실천을 하고 있는 실천가, 전문가들이 함께 연대할 수 있어야 할 것이다. 학교사회복지 분야를 넘어서 사회복지실천의 타 분야 실천가, 전문가들과 소통하고 협력할 수 있는 전략적 대안 마련도 필요하다.

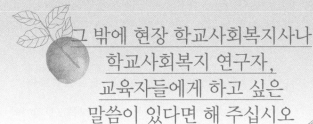

그 밖에 현장 학교사회복지사나 학교사회복지 연구자, 교육자들에게 하고 싶은 말씀이 있다면 해 주십시오

여전히 지역사회에는 학교사회복지 실천가들에 대한 거리감과 협력의 한계를 느끼는 경우가 있는 것 같다. 학교사회복지사로서는 나름의 어려움이 있겠지만 그렇다고 해서 학교사회복지사와 지역사회 실무자 간에 소통이 소원해진다면 진정한 학교사회복지 실천과는 거리가 멀어질 것이다. 학교사회복지사는 학교 안팎의 장애물들을 지혜롭게 헤치고 나가 지역사회 기관들과 효과적인 연대와 소통을 시도해야 한다. 분발해 주시길 부탁드린다.

아울러 대학의 교육자나 연구자들에게도 부탁드리고 싶다. 학교사회복지를 배우려는 학생들이 직간접적 현장 경험을 할 수 있도록 대학과 대학원에서 적극적으로 기회를 제공해 주어야 한다. 또한 학교사회복지 실천 영역에서의 다양한 성과와 실천 사례를 기록하고 분석하여 그 조사내용과 연구결과들을 지속적으로 대외에 알려 주시길 부탁드린다.

부 록

1. 학교사회복지 홍보물(자료제공: 김용길)

태화학교사회복지를 소개합니다.

태화기독교사회복지관은 '50년 10월에 강남구 수서동에 새로운 사회복지관을 설립하고 복지사업을 전개하게 되었다. 특히, 영구임대주택 단지내에 있는 A중학교(2000년 현재 국민기초생활수급자 및 기타 요보호가구 자녀가 전교생의 33% 결손가정 자녀 33%)가 지속되어 여러 학교 중 학교사회복지 서비스를 가장 필요로 할 것으로 판단하고 개관 초기부터 A중학교에 대한 서비스 제공에 역점을 기울여 왔다. 그 동안 태화기독교사회복지관의 학교사회복지 활동은 '98년에 A중학교에 학교사회복지 도입을 성공한 이후로 2003년 현재는 집단의 목적과 대상이 상이한 다양한 집단사회사업, 자원봉사 교육 및 실천 지도와 함께 학생들의 심리사회적 문제 정신건강 학교부적응 문제 등에도 심도 있는 개입을 시도하고 있다. 1학년 학생들에 대한 자원봉사 교육프로그램을 중심으로 시작한 학교사회복지가 그 효과성을 점차 인정받아 이제는 10여개의 다양한 프로그램이 개발실시되고 있는 상황이다. 그러나 사업이 진행됨에 따라 점차 필요성을 인식하게 되는 점은 학생에 대한 개별사회사업이나 집단사회사업의 방법만을 가지고는 한계가 있고(개별에, 장기적인 변화, 행동변화의 어려움 등) 학생을 둘러 싼 환경체계에 대한 접근이 있어야만 근본적인 변화를 이루어낼 수 있다는 것이다. 이를 수행해 내기 위해서는 보다 다양한 프로그램의 개발 학생을 둘러싼 다양한 체계들에 대한 접근, 학교(특히, 교사)의 적극적인 협조, 지역사회주민의 인식 확대 그리고 재원의 확보가 필수적이다.

1. 학급활동프로그램

학급활동프로그램은 학급전체를 대상으로 실시하는 집단프로그램으로 인근의 학교와 연계하여 학교CA 시간을 활용하여 프로그램을 진행하거나 복지관에서 와서 프로그램을 실시하는 대집단프로그램입니다.

1) 내일을 여는 교실1(문제예방프로그램) - 학급 인원 전체(1학년 전체)로 구성된 대집단을 대상으로 집단 응집력을 강화시킴으로써 학생들의 학교적응 및 학교생활동기를 향상시키는 프로그램 / 인근중학교

2) 꿈이열리는 교실(인터넷중독예방프로그램) - 인터넷 과다사용에 따른 문제를 사전에 예방하고 중독위험성이 있는 대상자를 사전에 선별하여 예방하기 위한 학급단위 프로그램, 시간관리, 인터넷의 올바른 사용, 대인관계 향상 등을 중심으로 실시 / 인근중학교

3) 진로탐색프로그램 - 중학교 3학년 전체를 대상으로 한 학급당 3~4시간 진로탐색프로그램을 진행. 자신에 대한 이해, 다양한 직업찾기, 내가하고 싶은 것과 내가 할 수 있는 것 등을 살펴봄으로써 자신의 진로설정에 도움을 주는 프로그램 / 인근중학교

4) 사랑나눔(심성훈련프로그램) - 학급단위 대집단 프로그램으로 본 복지관에서 실시하며, 3학년 전체학급을 대상으로 관계훈련 프로그램으로 진행하는 단회성 프로그램 / 인근중학교

2. 욕구특성별프로그램

학생들의 문제성향이나 욕구상황에 맞는 프로그램을 개발하여 실시하는 것으로 현재는 진로탐색, 학습동기화, 간부교육, 자원봉사교육 등을 실시하고 있습니다.

- 1 -

1) 진로탐색집단지도 - 자신의 진로에 대해 관심을 가지고 준비하기 원하는 중학교 학생을 대상으로, 구체적인 직업탐색 과정을 통해 자신의 진로를 체계적으로 준비하도록 돕는 소집단 프로그램 / 인근중학교
2) 학습동기화집단지도 - 학습에 대한 동기가 약한 학생을 대상으로 학교생활에 대한 동기를 부여하고, 학습에 대한 동기 및 집중력, 표현력을 향상시키는 데 도움을 제공하는 소집단 프로그램 / 인근중학교

3) 간부집단지도(리더십향상프로그램) - 학기초에 학년별로 간부들을 대상으로 간부의 역할, 책임 등과 관련된 집단프로그램을 통해 간부로서의 기대감과 자신감을 갖도록 하는 소집단 프로그램 / 인근중학교
4) 자원봉사교육 - 자원봉사를 처음으로 실시하는 중학교 학생을 대상으로 자원봉사에 대한 교육, 봉사활동거리, 기관등의 정보를 제공하고, 봉사활동을 실시할 수 있도록 하는 프로그램 / 지역내 8중학교

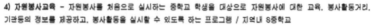
3. 요보호학생프로그램

문제성향을 나타내는 학생들을 중심으로 개별 및 집단프로그램을 실시하는 프로그램

1) 사회봉사학생 특별프로그램 - 중·고등학교에서 의뢰된 선도학생을 대상으로 개별 상담, 자기인식 및 미래설계와 관련된 집단 상담, 부모 상담, 봉사활동, 사후지도를 실시하는 프로그램 / 인근지역 12개 학교
2) 학교부적응학생 지도 - 학교부적응의 문제를 가지고 있는 학생들에게 개별, 집단 상담, 자원연결 등의 욕구별 서비스를 제공하여 당면한 문제를 해결하고, 학교에 잘 적응하도록 돕는 프로그램 / 강남지역 내 중고등학교
3) 내일을 여는 교실2 - 내일을 여는 교실 1 프로그램의 사후지도 소집단 프로그램으로 내일을 여는 교실1에서 실시한 조사를 통해 선별한 학생들을 대상으로 방학중에 소집단으로 진행 / 인근지역 8중학교 중심
4) 인터넷 중독예방프로그램(인터넷중독예방단, 꿈이열리는 교실 사후모임) - 학급단위로 실시했던 인터넷중독 예방 프로그램을 통해 선별된 학생들을 대상으로 주1회 방과후에 인터넷중독 예방단 프로그램을 실시하여 인터넷의 올바른 활용과 문제점에 대해 교육·홍보하는 소집단프로그램.

4. 교사대상프로그램

지역내 중고등학교 교사를 대상으로 학기초에 주로 실시되는 프로그램으로 2-3시간정도의 시간으로 진행되며 복지관이해, 학교사회복지이해, 학급내에서 활용할 수 있는 집단프로그램 시연등으로 진행됩니다.

1) 학교사회복지 간담회 및 세미나 - 본 복지관에서 실시하는 학교사회복지에 대하여 소개하고, 교사, 사회복지사간 의사소통의 기회를 통해 학교사회복지 평가 및 방향성을 제시하는 프로그램
2) 교사연수프로그램 - 중·고등학교와 연계하여 교사에게 학급에서 활용할 수 있는 집단상담을 교육하고, 전문적 직무능력에 도움을 제공하는 연간 프로그램 / 인근중학교
3) 교사상담 - 학교내 문제 및 학생문제에 다각적인 접근을 위해 필요시 교사 상담을 실시. 또한 학급단위 프로그램이 끝난 후 평가를 위한 교사(담임) 상담 실시 / 인근중학교

5. 부모교육프로그램

문제성향을 가지고 있는 학생들을 중심으로 개별 및 집단 부모상담프로그램을 진행하며 이를 통해 올바른 부모의
자세와 역할을 습득 할 수 있도록 합니다.

1) 학부모교육 - 중·고등학교 학부모를 대상으로 자녀에 대해 이해할 수 있는 기회를 제공, 바람직한 부모관 정립,
적절한 자녀 양육 태도·기술 습득의 기회 제공, 자녀와의 올바른 관계 형성을 위한 강의와 상담, 교육을 실시하는
연간 프로그램 / 지역 S중학교

2) 부모상담 - 학생 부모를 대상으로 가정에서의 자녀의 생활, 양육시 어려운 점을 상담하고 교육기간 종료 후 양
육방법을 제공하는 교육 시 필수 이수 프로그램 / 지역내 11개 중학교

6. 중학교 학교사회복지 프로그램

주4일 상주형 학교사회복지의 형태로 진행되며 학생들의 문제에 즉각적으로 대처함으
로 학생들의 문제 예방 및 치료를 보다 효과적으로 실시하는 프로그램(공연, 공부, 비
행, 진로, 심성훈련 등의 다양한 프로그램 진행) / S중학교에 매주 월, 화, 수, 금 주4
일 학교에 나가서 쉼터(푸른나눔터, 11:00-17:00)를 운영

1) 개별상담 및 집단상담 - 각반의 담임교사가 의뢰한 학생, 대집단프로그램시 사회복
지사가 선별한 학생, 기타 여러 가지 형태로 선별된 학생을 중심으로 개별 및 집
단상담을 진행

2) 사례관리 - 집중적인 관리와 개입이 필요한 학생을 대상으로 사례관리를 실시
하며 가족, 학교, 지역사회 체계를 개입하여 학생들의 변화를 시도

3) 여가활동프로그램 - 학생들의 쉬는 시간, 점심시간을 이용하여 S중학교내 푸
른나눔터(학생들의 문화공간)를 개방하여 자유로운 게임, 놀이 등을 할 수 있도록
장소 제공

4) 각종 이벤트 - 미소콘테스트, 상황시 찾기, 뮤직비디오 상영 등의 각종 이벤트를 실
시

5) 정기회의 - 사회복지사, 상담실교사 등이 정기적인 회의를 통해 학교사회복지 프로
그램의 평가와 계획을 도모

6) 동아리 활동 지원 - 방송부와 도서부의 활동을 지원하여 원활하고 체계적인 동아리
활동이 될 수 있도록 유도

7) 문제특성별 소집단 프로그램(상담) - 폭력, 왕따, 학급내 부적응 등 기타 문제로 별
도의 교육이 필요한 학생들을 중심으로 수업 대체 프로그램으로 소집단활동이나 개별상
담을 진행.

7. 대안교실

서울시 교육청 지원사업으로 일반적응과정(5일), 약물치료과정(5일), 특별교육과정(10일, 20일) 프로그램을 실시하
며 주요 대상은 학교에서 문제를 일으켜 선도처분을 받거나 학교부적응으로 별도의 도움이 필요한 학생들을 학교에
서 의뢰 받아 복지관에서 진행하는 집단프로그램(일정 09:00-15:00, 월-금 실시)

1) 일반적응과정(5일) - 폭력, 왕따, 가출, 기타 학교부적응으로 인해 선도교육 처분을 받은 학생으로 대부분 문제

가 경미한 학생을 의뢰 받아 진행. 자기발견, 문제행동인식, 학교생활, 가족생
활, 부모관계 개선, 봉사활동 등
2) 약물치료과정(5일) - 약물치료과정은 술, 담배 기타 약물사용으로 인해 의
뢰 받은 학생을 중심으로 진행. 자기인식, 약물에 대한 이해, 약물과 가족, 미
래설계, 금주/금연법, 봉사활동 등
3) 특별이수과정(10일, 20일) - 상기 두 과정과 동일한 문제를 가진 학생중
좀더 심한 처벌을 받게 되는 학생들을 의뢰 받아 진행. 상기 두 내용 포함

8. 초등학교사회복지 프로그램

인근 초등학교를 대상으로 심성훈련 및 일일교사(복지교육)의 형태로 프로그램을 진행하여 이를 통해 즐거운 학교
생활을 경험하도록 하는 프로그램

1) 복지교육 - 장애인 복지교육을 일일교사의 형태로 학교에 파견하여 진행하며 이를
통해 초등학생들에게 복지에 대한 이해를 할 수 있도록 함.
2) 심성훈련 - 격주 목요일마다 학교로 파견나가 2시간정도의 심성훈련을 실시하는
것으로 놀이활동, 공동체 훈련, 복지교육, 문제예방교육 등을 실시하여 즐거운 학교생
활을 할 수 있도록 하며, 이 아이들 중 문제 성향을 나타내는 아이들을 대상으로 사
례관리를 진행함.

9. 학교사회복지 전문인력 양성 프로그램

1) 실습지도 - 학기중(1학기/2학기) 사회복지 전공 대학생 및 대학원생을 대상으로 실습지도를 실시함. 학기당 3-4
명을 모집하여 학교사회복지과목을 이수하고 실습유경험자 이거나 대학원생을 대상으로 실시함. 주요 실습 내용은
학교사회복지실 운영, 문제예방집단운영, 각종 이벤트 행사, 캠페인, 학생상담, 부모상담, 교사연담 등
2) 학교사회복지 전문자원봉사자 육성 - 학교사회복지를 경험하기 원하는 사회복지 전공학생을 대상으로 모집하며
월, 수, 금 3일중 하루를 선택하여 학교사회복지실 운영 보조 역할을 함. 학교사회복지에 대한 이해, 자원봉사교육,
상담교육 등을 실시하며(태화임파워먼트 프로그램 참가자는 교육 제외) 소집단프로그램 보조, 학교사회복지실 운영
보조, 학급단위 프로그램 보조 등의 역할을 담당한다.

10. 예방교육프로그램

학교에서 요청하는 다양한 문제 예방 교육 프로그램으로 학년 전체를 대상으로하는 방송 예방교육이나 학급단위의
예방교육을 실시한다. 주요 예방교육의 주제는 성폭력, 약물(술, 담배 등), 인터넷중독을 주 내용으로 실시한다.

문의) 가족지원팀 팀장 김용길
(☎2040-1650, t9448@hanmail.net)

> 태화가 바라는 학교사회복지는
> 학생들을 학생들의 눈높이로 바라보고 선생님과 학생들이 함께 하는
> 즐거운 학교생활을 만드는 것입니다!!

1997. 12. 26.　　　　　　제 2 호　　　한국학교사회사업학회 Newsletter 1

Newsletter
〈격월간〉

한국학교사회사업학회
The Korean Society of School Social Work

발행일 : 1997. 12. 26
발행인 : 성 민 선
편집인 : 이 승 봉
발행처 : 한국학교사회사업학회
서울특별시 서대문구 신촌동 134
연세대학교 사회복지학과 內
TEL : 392-1279 FAX : 392-1279

회장인사말

　　학교사회사업학회가 창립된 1997년은 잊을 수 없는 한해가 되었습니다. 어이없이 닥친 외환고갈과 경제파국으로 나라의 뿌리조차 흔들리고 50년만에 여야정권이 교체되면서 사회구석구석에 전면적인 구조조정이 불가피하게 되었습니다. 앞으로 2-3년동안은 국민모두가 밑바닥에서부터 새로이 시작하는 마음과 자세로 정말 열심히 일하지 않으면 안된다고 합니다.

"학교사회사업제도화를 점차 가시화 해야할 때"

　　우리학회는 1997년 한해동안 적지않은 성과를 거두었다고 봅니다. 학술대회를 통해 학교사회사업에 대한 인식을 조금씩이라도 사회에 심었고, 계속하고 있는 집담회에 나타나는 회원들의 관심은 학교사회사업의 바탕을 탄탄하게 다져가고 있습니다. 무엇보다도 중요한 것은 대선전후 집권여당의 공약에 학교사회사업이 엄연히 한자리를 차지했던것입니다. 이 모두 학회회원 여러분의 학교사회사업에 대한 애정과 관심 그리고 협력 덕분입니다. 이제 학교사회사업제도화를 점차 가시화 해야할 때입니다. 그러나 나라의 여건이 여건인만큼 우리는 서두르는 대신 내실을 다져가며 기다리는 것이 좋을 것 같습니다. 학회와 더불어 우리모두 성장하는 새해가 되기를 빕니다. 감사합니다.

1997. 12. 26

한국학교사회사업학회장 성 민 선

이사회비 및 회비를 접수하고 있습니다.

은 행 명 : 한일은행
계좌번호 : 126-045664-02-501
예 금 주 : 김기환 (학교사회사업학회)

한국학교사회사업학회

우 120-749
서울특별시 서대문구 신촌동 134번지
연세대학교 사회복지학과 內
TEL : 392-1279　　FAX : 392-1279

한국학교사회사업학회 운영위원소개

회　장 : 성민선 교수 (가톨릭대학교 사회복지학과)
부회장 : 표갑수 교수 (청주대학교 사회복지학과)
　　　　 김선희 교수 (강남대학교 사회사업학과)
감　사 : 박석돈 교수 (경북대학교 사회복지학과)
　　　　 배태순 교수 (경남대학교 사회복지학과)
재　무 : 홍금자 교수 (선문대학교 사회복지학과)

총무분과 위원장 : 김기환 교수 (연세대학교 사회복지학과)
총무분과 간　사 : 한명섭 관장 (YMCA녹번종합사회복지관)
연구분과 위원장 : 황창순 교수 (순천향대학교 사회복지학과)
연구분과 간　사 : 홍순혜 교수 (서울여자대학교 사회사업학과)
편집분과 위원장 : 오창순 교수 (한남대학교 사회복지학과)
편집분과 간　사 : 정무성 교수 (가톨릭대학교 사회복지학과)
홍보분과 위원장 : 이승경 부장 (YMCA청소년 사업부)
홍보분과 간　사 : 유승표 과장 (사회복지협의회 홍보출판부)
대외협력분과 위원장 : 정　은 실장 (보라매 청소년회관 상담실)
대외협력분과 간　사 : 노혜련 교수 (숭실대학교 사회사업학과)

❧ 정회원 (일반)

강미경 강신도 고승덕 권복순 기순임 김기환 김선숙 김선욱 김선희 김성이 김성환 김연선 김영자
김영한 김영화 김옥연 김용진 김유순 김유주 김은숙 김은영 김재엽 김정은 김주미 김광호 김지영
김태희 김향초 김현용 김형기 김형방 김혜련 김혜레 김희진 남용우 남혜승 노혜련 노환규 류상열
박발순 박미숙 박미은 박영희 박옥석 박주경 박춘선 박태영 배태순 백수진 서미경 손병희 손종욱
안용환 안인경 안정선 엄명용 엄명욱 오승환 오예리 오경수 오창순 우영숙 유봉례 유성은 유숙경
유승표 유장춘 유재옥 유혜숙 윤성호 윤철수 윤혜미 이경은 이만복 이상오 이선명 이석국 이성국
이성규 이성희 이영심 이주희 이지연 이지은 이지현 이창수 이호균 이화진 이희숙 임정임 임진아
전인혜 정말숙 정윤석 정윤선 정　은 정은아 조명현 조한승 주소희 차인숙 최영숙 최옥재 최현숙
한명섭 한수경 한효순 허준수 홍금자 홍순혜 (117명)

❧ 준회원 (학생)

고태희 김미영 김미정 김상곤 김승희 김신형 김정미 김주연 김지선 김지연 김진용 김창오 김하정
김혜진 김효선 김희철 남성주 남희경 박미은 박상진 박영애 박준기 박현수 서진환 서희정 신봉림
안재진 옥금자 이경주 이대복 이무흔 이문자 이순영 이은영 이혜주 지영선 최선희 최은희 한준희
허지응 황미란 (41명)

* 본 학회에 등록하였으나 성명이 기재되지 않은 분은 최대리사 간사(392-1279)에게 연락주시기 바랍니다.

Newsletter 격월간

발행일: 1996. 4 / No. 4
발행인: 성민선
편집인: 이승희
발행처: 한국학교사회사업학회
서울시 서대문구 신촌동 134 연세대학교 사회복지학과 내
전 화: 392-1279 / 팩 스: 392-1279

한국학교사회사업학회
The Korean Society of School Social Work

아사하 하야자부로
(일본사회사업대학교 교수)

"한국학교사회사업학회 여러분께"

지난 3월 23일에는 한국학교사회사업학회 여러분들을 만날기회가 있어 저는 매우 영광이었습니다. 더욱이 일본의 학교사회사업의 현황에 대해 말할 기회가 있어 매우 고마웠습니다.

오늘날, 세계 어느곳을 보아도 아이들이 행복하게 살고있다고는 생각하지 않습니다. 산업화가 진행된 나라들에서는 학교결석이나 폭력 또는 이약물의 문제가 있습니다. 그렇지 않은 나라에서는 빈곤이나 그에따른 street children의 문제등, 해결하지 않으면 안되는 과제가 많이 있습니다.

우리나라 일본에서도 어린이들의 문제가 항상 크게 논의되고 있습니다. 그 논의의 내용은 어린이들을 어떻게 가정교육 해야할 것인가 하는 것뿐이어서 왜 그들이 여러 가지 문제행동을 일으키는지, 그리고 어떻게 지지할 것인가 하는 부분이 경시되고 있습니다.

고립되어서 여러 가지 형태로 위험신호를 나타내고 있는 아이들을 지지하는 체계로서의 학교사회사업의 유효성과 필요성을 지난 십여년간 계속 호소해왔습니다만 일본에서는 아직까지 주목하는 사람의 수가 적은 상황입니다.

학교사회사업이 제도화되기까지는 아직 시간이 많이 필요할 것 같습니다만 이번 한국을 방문하여 보고 그 실현을 위해 많은 사람들이 활동하고있는 것을 알고 무겁게 느꼈습니다. 또한 여러분의 노력이 가까운 시일안에 반드시 이루어지리라는 확신을 가질 수 있었습니다.

나라가 다르면 아이들이 직면하고있는 문제도 다를것이므로 성과하지만 한국 여러분의 활동은 저에게 모범이 되는 동시에 큰 격려가 되고 있습니다. 금후에도 서로 연락을 취하면서 협력적인 관계를 유지하기를 바랍니다. 안녕히계십시오. ♥

제3회 한국학교사회사업학회 학술대회

"교육개혁과 학생복지 학교사회사업의 실천방향"

제3회 정기학술대회가 한국신망회와 한국사회복지연구재단의 후원으로 다음과 같이 개최됩니다.

기조강연: 문용린 교수(서울대, 사회복지학과)
일   시: 1998년 5월 22일 (금) 오후 1:00
장   소: 서울YMCA 대강당 (종로2가)

제 8회 월 례집 담회 개회 안내

주 제 1: "영국의 학교사회사업"
         (성민선 교수/가톨릭대, 사회복지학과)

주 제 2: "미국의 학교사회사업"
         (오창순 교수/서울대, 사회복지학과)

일 시: 1998년 4월 27일 (월요일)
       오후 6시 30분

장 소: 대우재단 세미나실(전화: 310-0500)
       (대우재단상담문은 서강역 앞 LG상담 앞에 있습니다.)

Newsletter 격월간

한국학교사회사업학회
The Korean Society of School Social Work

발행일: 1998. 10 No.7 / 발행인: 성민선 / 편집인: 이상정 / 발행처: 한국학교사회사업학회 정기원, 우송시 984구 자치구 신 사-1 가톨릭대학교 사회복지학과 내 / 전 화: 032)340-3258 / 팩 스: 032)345-5180

한국학교사회사업학회 제4회 학술대회 겸 한국복지재단
창립 50주년 기념 국제학술대회 개막사

교육과 복지가
함께하는 학교

이혜호 여사

「한국학교사회사업학회」와 「한국복지재단」이 주관하는 국제학술대회가 열리게 된 것을 매우 뜻깊게 생각합니다. 아울러 「한국복지재단」의 창립 50주년을 축하하며, 언제나 우리 사회의 어두운 곳, 소외된 이웃들을 위해 헌신해오신 사회복지인 여러분의 노고에 경의를 표합니다.

어린이와 청소년은 우리의 미래입니다. 어린이와 청소년을 돌보는 일은 국가의 장래가 걸린 일이며, 우리의 가장 중요한 투자의 대상인 것입니다. 그런 점에서 어린이의 노력과 역할은 바로 우리의 밝고 건강한 미래를 여는 소중한 열쇠라고 생각합니다.

어린이와 청소년에게 있어서 학교는 가정과 더불어 가장 중요한 생활의 터전이며, 사회화의 한 장입니다.

우리 어린이와 청소년들은 학교생활을 통해서 이웃과 더불어 살아가는 심성과 지혜를 익히게 되고, 미래의 사회역군으로 성장할 소양과 자질을 길러가게 됩니다. 때문에 어린이와 청소년에 대해 학교에서 바른 교육을 시키고, 사회에서 따뜻한 관심을 기울이는 것은 아이들의 성장에 있어 가장 중요한 밑거름이 된다고 생각합니다.

그러나 지금까지 우리의 학교교육은 지식교육, 입시위주교육에만 치중되어, 어린이와 청소년에 대한 전인적 인성교육이나 사회적 지원에는 소홀했던 것이 사실입니다. 이제 학교는 지식을 가르치는 일뿐만 아니라, 학생들이 바른 심성으로 건전한 생활을 할 수 있도록 지도해야 합니다. 특히 다가오는 21세기 지식정보화 시대에 걸맞는 창조적인 인재를 양성하기 위해서는, 교육전문가 뿐만 아니라 지역사회의 다양한 전문가들도 학교교육에 참여할 수가 있어야 합니다. 또한 열악한 환경속에서 어렵게 살아가는 학생들의 기본적인 생존권과 삶의 질에도 깊은 관심을 쏟아야할 때가 되었습니다.

어린이와 청소년의 문제는 근본적으로 교육과 복지의 통합을 통해 해결되어야 한다고 생각합니다. 이렇게 볼 때 학교사회사업의 중요성은 매우 큽니다. 어려움에 처한 어린이와 청소년들이 사회의 따뜻한 관심과 은혜속에서 바르게 성장할 수 있도록 이끌어가는 것이 바로 학교사회사업의 역할이기 때문입니다. 더욱이 지금은 경제위기로 국민 모두가 큰 어려움을 겪고 있으며, 우리의 많은 어린이와 청소년들이 고통을 당하고 있습니다.

경제적 어려움으로 가정이 불안정하여, 결식학생 문제를 비롯해서 어린이 유기나 학대 문제가 증가하고, 학교폭력 문제도 점차 심각해지고 있습니다. 어린이와 청소년에 대한 사회전체의 각별한 배려와 지원이 참으로 필요한 때가 아닐 수 없습니다. 어려운 시기에 우리의 어린이와 청소년들이 좌절하지 않고 올곧고 튼튼하게 커나갈 수 있도록 여러분이 크게 기여해주실 것을 기대하는 바입니다.

이러한 때에 국내외 전문가들이 한 자리에 모여 「위기의 학교와 학교사회사업의 과제」를 주제로 개최하는 이번 학술대회는 매우 의의가 크다고 생각합니다. 학교사회사업이 하루빨리 제도화되고 정착되어 「교육(敎育)과 복지(福祉)가 함께하는 학교」가 구현될 수 있기를 바라며, 오늘의 학술대회가 큰 성과를 거두기를 기원합니다.

감사합니다.

Newsletter
격월간
한국학교사회사업학회
The Korean Society of School Social Work

발행일: 1998. 12 No.8 / 발행인: 성민선 / 편집인: 이승민 / 발행처: 한국학교사회사업학회 경기도 부천시 원미구 역곡동 산 43-1 가톨릭대학교 사회복지학과 내 / 전 화: 032)340-3258 / 팩 스: 032)340-3169

권 두 언

"한 해를 돌아보고 새해를 기대하며"

성 민 선 (한국학교사회사업학회 회장/ 가톨릭대 사회복지학과 교수)

어느덧 또 한 해가 소리 없이 지나간다. 학회로서는 지난 한 해 동안 이런 일 저런 일 한다고는 하였으나, 과연 어떤 수확들을 거두었는지 그리고 앞으로 어떻게 해야할지 등을 차분하게 생각해 볼 때이다.

소득이라면 무엇보다도 학교사회사업에 대한 사회복지계 내외에서 그리고 비록 일부이긴 하지만 교사들이 보여주고 있는 학교사회사업에 대한 점증된 관심이다.

각 대학에서는 요즘 학생들이 학교사회사업에 대해 많은 관심을 갖는 것으로 알고 있다. 사회복지사업법의 개정으로 사회복지사 국가고시를 2003년부터 치르게 되면서 시험의 선택과목의 하나로 학교사회사업이 들어간 것도 학생들의 관심을 끄는 요인으로 보인다. 학생들은 심지어는 대학부터 시범적으로 학교사회사업을 해야되지 않겠느냐는 주장을 펴기도 한다. 대학에 와서 적응이 어려워 힘겹게 대학생활을 하는 사람들이 많은데 학교사회사업을 실시해서 사회사업에 대한 이해도 넓히고 도움이 필요한 학생들에게 실질적인 도움을 주어야 한다는 논리이다. 공감이 가는 말이다. 문제는, 과연 각 대학의 사회복지학과 또는 사회사업학과에서 우선 대학부터 학교사회사업을 할 수 있는 능력이 있는지를 보여줄 수 있느냐이다.

교사들의 학교사회사업에 대한 이해와 관심은 고마운 일이 아닐 수 없다. 교사 자신이 대학원 등에서 사회복지를 전공했거나 전공 중인 경우는 말할 것도 없지만, 지역사회 복지기관 문제학생들을 의뢰하여 그들이

변화하는 모습을 직접 보게 된 부천 지역의 어떤 교사처럼 학교사회사업의 전도사가 되어 앞장서서 학교사회사업의 필요성을 외치고 있는 교사들이 한 둘 늘어나고 있다. 부천지역에 결성된 시민모임인 교육개혁부천시민연대'가 본 학회의 후원으로 새로써 학교사회사업관련 토론회(12. 29, 부천시청)를 열게된 것도 바로 그러한 교사들이 뒤에서 힘써주는 결과이다. 교사들은 한 걸음 더 나아가 어린 청소년 문제의 증상은 이미 초등학교 시점에 확연히 나타나므로 학교사회사업은 초등학교에서부터 시작되어야 한다고 말하고 있다. 우리는 앞으로도 이처럼 학교사회사업에 대한 이해를 가진 교사들을 우리의 액션 시스템(action system)으로 적극 활용해야 할 것이다.

이처럼 여건은 점차 형성이 되어 가는 것 같은데도 실제로 행정당국의 움직임은 너무 신중하고 무겁기만 하다. 아니, 도대체 어떤 방향으로 가고자 하는지도 분명치가 않다.

최근 국회에서 청소년보호법 개정안을 다룰 때, 우리 학회는 동 법안에서 학교사회사업을 다룰 수 있게 활용하 듣는 가냘픈 기대를 가지고 학회의 의견을 제출하였다. 꼭 그 법안에 의지하려 했다기보다는 대선 공약에 지은의 여당 후보 측이 내 놓은 안이 청소년보호법을 고쳐서 학교폭력 문제를 다루겠다는 내용이 있었고 새 정부의 100대 과제에도 그 내용이 들어 있었기에 나름대로 의론을 이 관심을 가져주기를 기대했었던 것인데

결과는 아무 것도 아니었다.

이제 우리는 회원들간에 더 힘을 합해 보다 체계적으로 일해나가야 한다고 생각한다. 그런 의미에서 매월 열고있는 월례연구 세미나에서 주제를 발표해주고 토론에 임해주는 많은 회원들께 감사드리며, 또한 충실한 연수를 이용하여 대학원생 연수 프로그램을 시작하는 영등포여상과 부천의 한마종합사회복지관에 감사를 드린다. 우리 학회는 영등포여상이 주관하는 학교중심의 학교사회사업 연수와 실습, 그리고 부천의 한마종합사회복지관이 주관하는 기관중심의 학교사회사업모델 연수와 실습을 후원함으로써 그들의 경험들을 참고로 하여 1999년 여름 방학 중 학회의 본격적인 연수를 시작할 예정이다.

새로운 일에 어려움이 따르는 것은 당연하다. 우리는 그러한 어려움을 도전으로 받아들이며 다가오는 한 해 역시 희망을 가지고 맞이하려고 한다. 시작이 반이라고, 어쨌든 시작이 있고 보니 그나마 오늘과 같은 발전도 가능하였기에 앞으로도 많은 기대를 가져보고자 한다. 바쁘고 급한 마음에 듬성듬성 돌아가고 천천히 가라는 선현들의 지혜를 본 받아 새해에도 한 걸음 한 걸음 떼고자 하는 것이다.

학회 회원 여러분, 지난 한 해 수고 많으셨고, 새해 복 많이 받으십시오. ◑

영등포여상·한가람고등학교와 본 학회 공동으로

본 학회는 영등포여상·한가람고등학교(교장:이옥식)와 공동으로 1999년 1월 19일부터 2월 19일까지 학교사회사업 연수를 실시한다. 이번 연수는 학교사회사업가로 일하고자 하는 뜻이 있는 사회복지학과 대학원생들(30명)에게 직접 학교 현장에서 학교사회사업에 대한 기본적으로 필요한 훈련을 실시하고, 연수 후 실습생 또는 자원봉사자로 학교사회사업 활동을 체험할 기회를 부여하기 위한 것이다. 강사는 영등포여상 이옥식 교장, 한가람고등학교 백성호 교감과 노혜련, 김기환 교수 그리고 윤철수 상담실장을 비롯한 영등포여상의 학교사회사업가들이다. 연수 참가비는 10만원. 연수의 세부적인 프로그램과 참석자는 다음과 같다.

겨울방학 중 대학원생 학교사회사업연수 실시

· 일시: 1999. 1. 19 ~ 2. 19
　(매주 화·목 오전 9:30 ~ 12:30)
· 장소: 영등포여자상업고등학교
　(TEL 02-842-6270)

PROGRAM

① 개회식 ('99. 1. 19)
특강 : 학교 현장과 교육
오리엔테이션
　· 조편성
　· 자기 소개와 연수에 대한 기대
　· 학교시설 견학 및 안내

② 특강 및 청소년에 대한 이해 ('99. 1. 20)
특강 : 학교사회사업의 기초와 이론
　한국에서의 학교사회사업 진행과정
　자신에 대한 이해

③ 청소년기 이해하기 ('99. 1. 26)

④ 개별사회사업의 실제 ('99. 1. 28)
교사들의 상담 유형 스타일 분석

⑤ 집단사회사업의 실제 ('99. 2. 2)
집단활동 사례 분석

⑥ 지역사회 방문 및 운영 ('99. 2. 4)
결계학생 프로그램 기획 및 개발

⑦ 부모면담 및 가정방문 ('99. 2. 9)
부모면담 및 가정방문의 사례 연구

⑧ 학교현장에서 학교사회사업의 위치와 역할 ('99. 2. 10)
학교의 행정체계 및 행정체계에 대한 이해
학생들의 시각으로 본 상담실 (학생과의 대화 시간)

⑨ 토의 및 평가 ('99. 2. 19)

참가자 명단
이경림(서울여대), 권성철(단국대), 이상돈(단국대), 김여성(서울대), 박용원(가톨릭대), 박신영(숭실대), 김도윤(한남대), 한복희(한남대), 이분희(한남대), 한춘희(숭실대), 임창임(숭실대), 김경희(가톨릭대), 박춘하(중앙대), 이지예(연세대), 오은주(동국대), 김병수(강남대), 한지원(한신대), 윤혜란(가톨릭대), 전인예(가톨릭대), 송정화(동국대), 김귀련(숭실대), 최신미(중앙대), 차원월(연세대), 김임원(한신대), 최정호(한림대), 강순심(단국대), 조성심(서울여대), 성신영(연세대), 김선관(공주대), 남기희(숭실대) 이상 30명.

제 5회 춘계 학술대회 안내

제 5회 춘계학술대회 (1999년 5월)의 주제로 "학교사회사업의 국제적 동향과 국내의 현실"이 결정되었다. 발표자는 한인영(학교사회사업의 국제적 동향), 오창순(학교사회사업 연구 학교들의 성과 분석), 김기환(사회복지 기관들의 학교사회사업 성과 분석) 등이다. 자세한 계획은 추후 안내.

가톨릭대학교 부설 한라종합사회복지관(관장: 오혜경)은 1999년 2월 4일부터 2월 25일까지 사회복지학과 대학원생들을 대상으로 학교사회사업 연수를 실시한다. 본 학회 후원으로 실시되는 이번 연수는 10명 내외의 대학원생들을 대상으로 하며, 참가자는 연수 이후 1년간 한라종합사회복지관에서 학교사회사업 실습 기회를 갖게 된다. 연수 참가비는 10만원.

한라종합사회복지관의 연수프로그램은 아래와 같다.

PROGRAM

① 개회식 ('99. 2. 4)
학교사회사업 소개, 학교현장의 이해
자기소개 및 심리검사 오리엔테이션

② 청소년의 특성과 문제 ('99. 2. 11)
청소년 문화의 이해
청소년 접근방법
학교사회사업가의 역할

③ 개별상담과정 및 기법 ('99. 2. 18)
개별상담 role play
가족의 이해 및 접근방법
집단상담의 이론과 실제

④ 프로그램 기획과 평가 ('99. 2. 25)
프로그램 기획의 실제
지역사회자원 활용방안
총정리 및 질의 응답, 평가

지난 12월 10일에 있었던 이사회에서는 학회 차원에서 본격적인 연수를 시작할 수 있도록 연수 계획을 구상하고 실행할 준비를 위한 연구준비위원회를 구성하였다. 이 위원회는 올 겨울 방학동안 영등포여상과 한라종합사회복지관 등에서 대학원생들을 상대로 하는 연수 경험에서 나오는 지식을 십분 활용하고 대학원생들 뿐 아니라 사회복지사, 학생, 기타 학교사회사업에 관심있는 집단을 대상으로 한 학교사회사업 연수 프로그램을 연구·기획하며 실행하기 위한 준비를 갖추게 된다.

학교사회사업연수 연구준비위원회의 위원 명단과 연락처는 다음과 같다.

정 은 박사 (위원장·서울시립 보라매청소년회관 상담실장 ☎ : 02-834-1355)

한인영 교수 (이화여대 ☎ : 02-360-2253)

오창순 교수 (한남대 ☎ : 042-629-7985)

김기환 교수 (연세대 ☎ : 02-361-2925)

윤철수 상담실장 (서울 영등포여상·한가람고등학교 ☎ : 02-692-6276)

이희숙 부장 (한라종합사회복지관 ☎ : 011-772-8145)

이경은 박사 (대구대 겸임교수 ☎ : 017-535-2273)

연구준비위원회 팀은 제 1차 연수를 1999년 올해 방학 중 시작할 목표로 관심있는 회원들의 아이디어와 조언, 그밖에 많은 의견을 환영하며 좋은 의견을 수렴하여 연수 프로그램을 구성할 계획이다. 문의 또는 연락은 위의 연락처를 참고 하실 것.

"학교사회사업의 첫걸음은 초등학교부터"

전인애 (가톨릭대 대학원 4학기)

최근 들어 학교와 관련된 문제가 매스컴이나 관련전문가들 사이에서 자주 오르락 거리는 현상을 볼 수 있다. 학교폭력, 약물, 가출 등과 같은 문제는 이느새 일상화 되었고, 근래에는 초등학생과 관련된 문제들이 이슈가 되고 있는 듯하다. 특히 "왕따"라는 집단따돌림 현상이 초등학교에서도 중요한 문제로 등장하게 되었다. 실제로 본인이 일하는 병원을 찾는 많은 부모님들이 혹시 우리 아이가 "왕따"는 아닐까 하고 필요이상으로 고민하는 것을 보면서 초등학생을 둔 부모에게는 이 문제가 매우 심각한 문제임을 알게 되었다. 요즈음은 너나 어른이나 "왕따"라는 말을 모르면 그야말로 왕따당하는 세상이다. 과정이야 어떻든 이러한 문제로 인하여 사회가 초등학생들에 대해서 관심하게 생각해보게 되었다는 것이 다행이라고 생각된다.

학교는 아동들의 생활의 중심일 뿐만 아니라 사회에서 필요한 기술과 지식을 배우는 중요한 곳이다. 아동들에게는 어린히 가정(부모)의 영향이 중요하며, 또래(동료)와 다른 사람들과의 상호작용을 통하여 사회성과 인성이 발달하고 사회에서 필요한 지식과 문제해결능력을 키워 가는 것이다. 아동기는 에릭슨의 심리발달단계의 "근면성 대 열등감(industry versus inferiority)"의 시기로 아동들은 주위와의 상호작용을 통해 자기를 발견하고 사물에 대처하는 방법, 기술을 동원, 발달시키게 된다. 만약 어린이들이 학교에 대한 공포, 집중의 부족, 책임감의 결여, 사회적 열등감을 느끼고 있다면 그것은 아동기의 과업이 제대로 성취되지 않았다는 것이다. 위와 같은 여러가지 문제들이 초등학교 시기에 해결되지 않고 성장하게 되면 청소년 시기인 중학교, 고등학교에 반드시 다양한 문제행동으로 표출하게 된다. 청소년기의 약물남용, 학교부적응, 행동상의 문제 등은 어느 날 갑자기 문제행동으로 나타난 것이 아니라 아동기 때부터 누적되어 온 문제가 복합적으로 작용된 결과이다. 맞단 마무라라는 문제의 비디오를 빌려 청소년들의 가정과 관련된 기사를 읽게 되었는데 문제는 역시 초등학교 때부터 싹트고 있었음을 알 수 있었다. 어느 날 갑자기 불량청소년이나 약물남용, 학교부적응 학생이 되는 것이 아니다. 일상에서 보면 약물남용, 학교부적응, 정서상의 문제를 가지고 있는 청소년들에게 초등학교 시기에 반드시 정서, 행동상의 문제가 있었던 것을 알 수 있다.

사회적으로 약물남용이나 학교부적응과 같은 문제가 중·고등학생에서 초등학생으로 연령이 더욱 낮아지고 유해환경으로의 접근이 더욱 쉬워지고 있는 현실에서 이러한 문제의 접근을 위해서는 학교사회사업이 초등학교에도 관심을 돌려야 한다.

학교사회사업이 시작단계부터 초등학교에 관심을 두어야 하는 이유는, 이러한 문제들이 예방보다는 치료로 더욱 많은 비용과 시간이 소모됨을 인식할 때, 사후 치료적인 접근법보다는 예방적 차원의 접근법이 바람직하기 때문이다. 초등학교 때의 학습의 문제, 과잉교, 정서적 문제로 인한 우울증, 공격성, 불안정한 가정과 학교환경이 해결되지 않으면 청소년기에 적응하지 못하므로 여러가지 행동상의 문제를 일으키게 될 것이다. 특히 요즈음 초등학교에서 심각한 집단따돌림의 경우 아동개인의 문제만이 아니라 학교환경, 가정과 같은 단일한 원인에서 비롯된 것이 아닌 사회분위기, 가정, 학교, 기성세대들의 도덕관 등의 여러가지 요인들이 얽혀서 발생된 문제로 이러한 문제는 인간과 환경을 동시에 고려하는 사회사업이 효과적으로 접근할 수 있다. 초등학교 때부터 아동들의 정서, 행동상의 문제에 조기 예방적 개입을 하여 이들이 청소년기를 잘 적응할 수 있도록 원조하는 것이 아동과 청소년을 위한 복지이며 더불어 학교사회사업이라고 생각한다. 실제로 쉬어서 학교사회사업은 초등학교때부터 시작되어야 한다.●

제 15회 월례연구세미나 안내
- 주제: 학교폭력의 실태와 효율적인 대처방안
- 발표: 박옥식 (서울YMCA 노원 청소년 수련관 / 청소년폭력예방재단 사무국장)
- 일시: 1998. 12. 29. 6:00 - 8:00 p.m.
- 장소: 대우재단 세미나실 TEL. 319-0523 (서울역 앞 LG빌딩 뒤)

제 16회 월례연구세미나 안내
- 주제: 교사의 입장에서 바라본 학교사회사업의 정책 방안
- 발표: 한연기 교사 (성제고등학교)
- 일시: 1999. 1. 26. 6:00 - 8:00 p.m.
- 장소: 대우재단 세미나실 TEL. 319-0523 (서울역 앞 LG빌딩 뒤)

※ 제 17회 월례연구회는 1999년 3월에 있습니다.

부적응 청소년 대책 토론회
- 일시: 1998. 12. 29. 2:00-5:30 p.m.
- 장소: 부천시민회관 소강당
- 발표1: 사회복지 입장에서 본 교육현실 (성민선·가톨릭대 교수)
- 발표2: 교육자 입장에서 본 학생복지의 현실 (원효선·부천정보산업고등학교교사)
- 주최: 교육개혁부천시민연대 (연락처 : 032-324-0723)
- 후원: 한국학교사회사업학회

♥본 학회는 뉴스레터 8호와 더불어 「1997~1998 한국학교사회사업학회 연보」를 발간하였습니다. 이번 뉴스레터와 연보는 사회복지법인 한국이웃사랑회(회장:이일하)의 재정적인 지원으로 발간되었습니다.

한국이웃사랑회에 감사드립니다.

1998. 2. 27.　　　　　　제 3 호　　　　한국학교사회사업학회 Newsletter 1

Newsletter
〈격월간〉

한국학교사회사업학회
The Korean Society of School Social Work

발행일 : 1998. 2. 27
발행인 : 성 민 선
편집인 : 이 승 원
발행처 : 한국학교사회사업학회
서울특별시 서대문구 신촌동 134
연세대학교 사회복지학과 內
TEL. 392-1279 FAX : 392-1279

성민선교수, 김기환 교수 그리고
한국에서 만난 다른 모든 분들께

우선 여러분들이 저에게 보여주신 환대와 한국에서의 학교사회사업의 발전을 위해 앙장서서 일하는 모범을 보여주신 모든 분들께 감사를 드립니다. 우선 지난 학회 발표때 도움을 주신 성민선 교수님, 김기환 교수님 분야 아니라 배태순 교수님, 황창순 교수님, 그리고 Marywood 대학에서 사회복지 석사학위를 마치고 한국 학교에서 많은 일들을 하고 계시는 손애리수녀님과 시카고 대학원에서 배운 것들을 한국 사회사업에 적용하기위해 노력하고 계신 정용선님을 곧 있지 못할 것입니다. 그리고 그 외에도 함께 대화를 나눈 여러분들로부터 저는 많은 것을 배웠고, 할 수만 있다면 여러분들에게 기꺼이 묘듯려드리고 싶습니다.

특히 한국의 어려운 경제사정과 새로운 희망을 두부한 대통령 선거를 등을 때마다 여러분들은 곰곰 생각했습니다. 한국에 있는 동안 한국인들이 특히 한국 가정이 얼마나 강한지에 대해 인상을 받았습니다. 여러분들은 이 위기 속에서도 가족, 학교 그리고 사회가 변화 때 수 천년 동안 한국사회를 강하게 만들었던 유교가치와 성실성을 더욱 깊이있게 하는 방향으로 변화할 수 있다는 것을 발견해가며 구분에 갈 것입니다. 위기는 오랜 세월 동안 자연스런 사회관계와 한국인의 힘을 발전시키고 지지할 수 있는 기회가 될 수 있습니다. 예를들면
- 많은 개능있는 젊은어들을 대학입학이라는 해결책에만 시간을 쏟는 것이 얼마나 낭비인지를 깨닫는 것.
- 학교는 가족들, 선생님들 그리고 청소년들이 서로 도와주는 공동체가 될 수 있는 것.
- 자기 자신이 생단 주체가 되고 한국의 청소년들이 자신의 능력을 믿고 발전시킬 수 있도록 세워 주는 것 외의 방법을 찾는 것.
- 문제가 많거나 경제적 어려움으로 인해 학교에 참여하는 경우 부끄러워하는 부모들에게 학교를 그들의 지원체계로서 사용할 수 있도록 도와주어 한국 가족 공동체에서 학교가 중심 역할을 할 수 있도록 하는 것.
- 각자의 특별한 욕구를 가진 아이들이 자신들의 방법으로 배우고 성장해 가도록 하며 다른 사람의 도움을 받는 협조적인 문화 속에서 교육을 개별화 시킬 것.

물론 이들은 단지 몇 개의 가능한 변화들일 뿐입니다. 이 목표는 학교 측면에서 기술된 것이지만 사회사업가의 역할은 학교에 있는 선생님들과 그 밖의 사람들과 협동하여 이들을 가능케 하는 것입니다. 사회사업가의 효과성은 교육을 효과적으로 만들어 준다는 것입니다. 한국 학교는 학교사회사업가를 필요로 하는 나름대로의 욕구가 있습니다. 여러분들이 바로 교육부와 함께 이 욕구를 앞아보고 어떻게 학교사회사업가가 이를 충족시킬 것인가에 대해 알아보아야 합니다. 나는 여러분 측면에서 한국학교사회사업의 발전을 위해 교육부와 함께 노력 할 수 있는 많은 가능성을 보고 있지만 바로 한국문화 욕구에 대해 전문가들인 여러분들이 무엇이 가장 중요한지를 결정해야 합니다. 그리고 여러분들의 힘으로 프로그램을 개발시켜야 할 것입니다. 그리하여 학교의 변화가 새로운 경제변화에 직면한 한국 가족으로 하여금 눈라운 힘과 희망을 유지하도록 할 것입니다. 위기는 여러분들로 하여금 누 있었지만 미처 인식하지 못했던 문제를 다루도록 할 것입니다.

이러한 정치적 변화의 시기에서의 주요연쇄는 교육부와 손을 잡는 것입니다. 제가 한국에 있을 때 얘기했던 것처럼 교육부와의 협동 없이는 아무것도 가능하지 않을 것입니다.

Very sincerely yours,

Robert T. Constable DSW, LCSW
Professor Emeritus
Loyola University

NEWSLETTER
격월지

한국학교사회복지학회
The Korean Society of School Social Work

발행일 | 2000. 8/ No. 18·발행처 : 초록우 · 편집인 : 홍금자 · 발행처 : 한국학교사회복지학회 경기도 부천시 원미구 역곡2동 산43-1 가톨릭대학교 사회복지학과 내 · 전 화 (032)340-3259 · 팩 스 (032)345-5199

권두언

미국의 학교사회사업 최근 이슈와 동향

John Herrick, Ph.D.
(미시간 주립대 교수, 사회사업대학원 부원장)

현재 미국의 사회적 동향

미국은 최근 상당한 변영을 누려오기는 했지만, 그 변영이 보편적으로 공유된 것은 아니었다. 그 중 학교사회사업 실천과 관련된 사회적 맥락을 제공해주는 몇 가지 사회적 동향을 언급하는 것은 의미가 있을 것으로 보이는데 소득불평등의 심화, 여성세대주의 빈곤의 악순환, 세계에서 가장 높은 이혼율, 높은 범죄와 폭력율 등이 그것이다.

미국과 세계의 학교사회사업가들은 이러한 변화들이 그들이 도와주어야 할 아동들의 삶에 미치는 영향을 쉽게 목격하게 된다. 그들은 이러한 변화들이 아동들의 삶에 어떻게 스트레스로 나타나는지, 그리고 가족의 변화, 때로는 가족의 혼란에 힘들게 대처하는 아동들을 볼 수 있다. 아동들 사이에서 폭행남용, 약물, 알코올 및 위험한 흡입제의 이용 등이 증가하고 있으며, 이에 학교사회사업가들에게는 이러한 아동들과 그 가족들을 지원하기 위한 개입 프로그램들을 만들어줄 것이 요구되고 있다.

학교에서의 폭력과 괴롭힘

학교 폭력은 걱정스러운 현상이 되어왔으며, 학교사회사업가들은 학생들이 폭력을 사용하지 않고 스트레스에 대처하는 것을 가르치는 갈등조정 프로그램에 대한 요청을 자주 받고 있다. 이러한 혁신적인 프로그램들은 지난 해 콜로라도에서 주의

콜롬바인 고등학교(Columbine High School)에서 벌어졌던 끔찍한 총기 난사 사건의 실제 원인으로 여겨지는 학교 내 괴롭힘(school bullying)의 문제에 대처하기 위해 고안되어 왔다. 이 비극의 여파 속에서 많은 사람들이 학교행정가들과 학교사회사업가들이 이런 비극을 막을 수 있는 어떤 일들을 했어야 하지

> 아동들 사이에서 물질남용, 약물, 알코올 및 위험한 흡입제의 이용 등이 증가하고 있으며, 이에 학교사회사업가들에게는 이러한 아동들과 그 가족들을 지원하기 위한 개입 프로그램들을 만들어줄 것이 요구되고 있다.

말았을까 하고 의문을 제기하였다. 물론, 왜 이런 끔찍한 일이 일어났는가에 대한 쉬운 설명은 없다. 그러나 많은 사람들이 학교 내 괴롭힘이 학교 폭력의 한 원인이 된다고 느끼고 있으며, 이에 학교내 괴롭힘을 막기 위한 프로그램들을 개발하고 있다.

대체적으로 다른 아이들을 괴롭히는 아이들의 대부분은 남자들이며, 보통 아주 어린 소년들이 많다. 그들은 다른 아이들에게 고통을 가하는 것을 즐기는 것으로 보인다. "괴롭힘을 당하는" 아이들은 신체적으로 다른 아이들과 다르거나, "인기가 없는" 아이들일 수 있다. 또 그 아이들은 유행에 둔감하거나 매력적인 외모를 가지고 있지 않을 수도 있다.

때때로 괴롭힘은 전염이 된다. 보통 때는 다른 아이들에게 야비하거나 잔인하게

굴지 않는 학생들도 또래 압력을 느끼고 괴롭힘을 교사하는 아이들로부터 인정을 받기를 원한다면, 그들도 괴롭힘에 참여하게 될 것이다. 학교에 있는 사회사업가들은 괴롭힘을 막기 위해 무엇을 할 수 있는가. 우리는 미국에서 시도되고 있는 몇몇 혁신적인 프로그램들에 근거하여 몇 가지 제언을 드리고자 한다.

미네소타주 미네아폴리스에 있는 존슨 연구소(Johnson Institute)의 James Bitney와 Beverly Title은 '괴롭힘 추방 프로그램'(The No-Bullying Program, 1996)을 고안하였는데 이 프로그램의 기본적인 목적은 학생들이 폭력 없이 행복한 아동기를 보낼 수 있도록 돕는 것이다.

"괴롭힘"을 끝내기 위한 지침으로는 다음의 것들이 있다.

· 괴롭힘을 분명하게 정의하라. 괴롭힘은 어떤 학생이 고의적으로, 반복해서 일정한 기간 동안에 다른 사람의 신체, 감정 또는 소유물들에 신체적, 정서적 상해 또는 불쾌함을 가하거나 가하겠다고 위협할 때마다 일어난다(Bitney & Title, 1996).

· 분명한 괴롭힘 불허용 규칙(no bullying rules)을 학교 안에 수립하도록 계획을 세운다.

· 괴롭힘 불허용 규칙과 프로그램을 수립하기 위해 학교내 다른 직원들과 같이 활동하는 데 필요한 사회사업기술을 사용하라.

· 분명한 "괴롭힘 추방"이라는 진술을 선포하고 괴롭힘에 반대하는 규칙들을

NEWSLETTER
격월지

한국학교사회복지학회

The Korean Society of School Social Work

발행일 : 2000. 12/ No. 20·발행인 : 조흥식·편집인 : 홍금자·발행처 : 한국학교사회복지학회 경기도 부천시 원미구 역곡2동 산43-1 가톨릭대학교 사회복지학과 내·전 화 (032)340-3259·팩 스 (032)345-5189

2000년을 정리하며 …

다사다난했던 2000년이 저물어 가고 있습니다.
회원님들의 한해는 어떠하셨는지요?
2000년에 있었던 좋았던 일들은 추억할 수 있는 기쁨이, 아쉬웠던 일들은 미래를 위한 초석이 되시기를 바라며,
본 학회의 2000년을 정리하려고 합니다.
2001년 새해에도 회원님들의 가정에 건강과 행복이 가득하시기를 바랍니다.

◆ 학회지 「학교사회사업」 제3호 발간 - 2월

◆ 학술대회 개최

《 제7회 춘계학술대회 》	
주 제	새 천년 학교사회복지의 방향
일 시	2000. 5. 18(금) 13:00~17:30
장 소	가톨릭대학교(성심교정) 성심관
후 원	제일제당주식회사

《 제8회 추계학술대회 》	
주 제	학교사회복지의 실천모형과 발전전략
일 시	2000. 10. 21(토) 9:00~12:30
장 소	청주대학교

◆ 한국학교사회복지학회 연수

《 제2회 연수 》	
대 상	사회복지 전공 대학원생 34명
일 시	2000. 1. 17 ~ 1. 21 (40시간 수료)
장 소	한가람고등학교
주 관	한국학교사회사업학회, 학교사회사업가협회 준비위원회 공동주관
후 원	한가람, 영상고등학교

《 제3회 연수 》	
대 상	사회복지실무에 있는 사회복지사 및 대학원생 80명
일 시	200. 8. 17 ~ 8. 19 (2박 3일간. 30시간 수료)
장 소	속리산 유스호스텔
주 최	한국학교사회복지학회, 아이들과 미래 공동주최
주 관	한국학교사회복지실천가 협회(가칭)
후 원	제일제당주식회사

◆ 월례세미나 개최

25회(1월)	초등학생을 위한 특별활동 및 집단 활동 프로그램 전인혜 (고강복지회관)
26회(3월)	초등학교에서의 학교사회사업 양원석 (춘의종합사회복지관)
27회(4월)	집단 따돌림에 대한 사례관리 실천의 개입 및 효과 변귀연 (서울대 박사과정)
28회(5월)	특수학급 장애 학생들의 또래망에 관한 연구 최승회 (남부교육청 청소년 상담센터)
29회(6월)	중·고등학생의 자원봉사와 학교사회복지 이혜숙 (용인 수지고등학교)
30회(9월)	학교진입전략 - 초등학교 - 홍현미라 (증곡종합사회복지관)
31회(10월)	진로탐색 프로그램 홍선경 (한라종합사회복지관)
32회(11월)	학급응집력향상프로그램 안정선 (태화종합사회복지관)

※ 9월부터 월례세미나를 확대 실시하여 세미나 1회 참석을 연수 2시간으로 인정하고 있습니다. 이는 학교사회복지의 제도화 시 연수 점수로 인정될 예정입니다.
9월에는 강은주님 외 9명에게, 10월에는 강유선님 외 15명, 11월에는 박인아님 외 23명에게 연수 2시간을 인정하는 수료증을 발급하였습니다.

◆ 뉴스레터 제작

15호 (2000년 2월)
16호 (2000년 4월)
17호 (2000년 6월)
18호 (2000년 8월)
19호 (2000년 10월)
20호 (2000년 12월)

◆ 회원 현황

정회원 235명
준회원 180명
총회원 415명

2000년 서울시 교육청 생활지도 시범학교 운영결과(중학교)

2000년 서울시 교육청 생활지도 시범사업 운영(중학교)결과 보고회가 10월 31일 고등학교 발표에 이어 11월 9일 동마중학교에서 있었다. 다음의 내용은 2곳의 시범운영 학교중 남강중학교의 발표 내용을 소개한 것이다. 동마중학교의 경우는 남강중학교와 전체적인 구성과 시스템이 유사한 관계로 연구문제와 운영결과만을 소개하였다.
시범학교의 공동 운영 주제는 "학교생활적응력 향상을 위한 학교사회사업 프로그램 개발 및 적용"으로 학교별 부주제는 동마중학교는 "교우관계 개선 프로그램과 학교·가정·지역사회 연계 사업을 중심으로", 남강중학교는 "징계대상 학생 학교 생활 적응 프로그램과 학교·가정·지역사회 연계 사업을 중심으로"를 선정하였다.

남 강 중 학 교

1. 주 제
학교 생활적응력 증진을 위한 학교사회사업 프로그램 개발 및 운영
- 징계대상 학생 학교 생활 적응 프로그램과 학교·가정·지역사회 연계 사업을 중심으로 -

2. 연구 목적
본 시범 운영의 목적은 학교사회사업가의 인력을 활용하여 학생이 생활하는 학교·가정·지역사회 환경에서 발생하는 다양한 문제를 예방하고 해결하는데 있다. 또한 학생 개개인의 잠재력과 능력을 향상시킴으로써 궁극적으로 전인교육을 통한 자아실현의 학교교육 목적 달성에 이바지하고자 한다.

3. 연구 문제
1. 징계 대상 학생의 학교 적응력 강화를 위한 학교사회사업 프로그램을 개발, 적용한다.
2. 건전한 학교 생활을 위한 프로그램을 개발 적용한다.
3. 가정 - 학교 - 지역사회를 연계한 학교사회사업 프로그램을 개발히 적용한다.

4. 연구방법
가. 운영 기간 : 2000년 3월 1일 ~ 2001년 2월 28일
나. 운영 대상
(1) 생활지도 대상 학생은 일차적으로, 본교 생활지도부에서 교내 봉사 및 사회 봉사 등의 징계를 받거나 생활지도 교사 및 담임교사로부터 생활지도의 필요가 요구되어 의뢰 받은 학생으로 한다.
(2) 이차적 대상은 징계 대상 발생 예방을 위한 개입으로 전교생을 대상으로 한다.
(3) 학부모는 일차적 대상 학생의 학부모 및 전교생 학부모 중 희망자로 한다.
(4) 교사는 참가 학생의 담임교사를 포함한 전 교사로 한다.
다. 운영조직

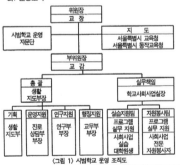

〈그림 1〉 시범학교 운영 조직도

5. 연구결과
가. 징계대상 학생의 학교 생활 적응력 강화를 위한 프로그램의 결과
징계 대상 학생들이 학교 생활 적응력 강화를 위한 프로그램의 결과를 알아보기 위하여 대상학생들의 출결사항과 징계 현황을 조사하고, 담임교사, 생활지도부 담당 교사, 학부모, 학교사회사업가의 주관적 평가를 조사하여 정리하였다. 또한 학생 자신들의 개인적인 의견을 면접을 통해 알아보았다.

(1) 징계 대상 학생들의 징계현황

〈표 1〉 99학년도 - 2000학년도 대상 학생들의 징계 현황

징계 내용	학년	99년도	2000년도 4월까지	2000년도 8월까지	2000년도 10월 말 현재
훈 계	현재 2학년	1	-	-	-
	현재 3학년	-	3	-	-
학교봉사	현재 2학년	-	3	-	-
	현재 3학년	8	3	-	-
사회봉사	현재 2학년	-	5	2	-
	현재 3학년	1	1	1	-

결과를 살펴보면 학교 전체적으로 볼 때, 여름 방학 이후 2학기에 들어서 한 건의 징계도 발생되지 않은 것으로 나타난다. 이것은 주로 여름 방학을 계기로 많은 학생들이 교칙을 위반하는 비행이 늘어나는 일반적인 현상과 비교할 때, 매우 고무적인 결과이다.

(2) 징계 대상학생들의 출석상황
출석 상황은 학생들의 가장 기초적인 학교 생활에 대한 적응 척도가 되므로 매우 중요한 지표로 사용 될 수 있다. 병결을 제외한 무단 결석 및 조퇴율을 일부본 결과 1학기에 비해 2학기에는 결석이나 조퇴 없이 학교 생활에 잘 적응하고 있다는 것을 알 수 있다.

〈표 2〉 징계대상들의 출석상황 (2학년-12명, 3학년-13명)

출석사항	학년	2000년 1학기	2000년 2학기
무단지각 /결과	2학년	3번	-
	3학년	-	-
조퇴	2학년	4번	-
	3학년	-	-
무단결석	2학년	17번	1번
	3학년	2번	1번

(3) 징계 대상 학생들의 학교 생활에 대한 교사 의견(생활지도부, 담임교사)
문제행동 및 교칙 위반에 관한 사항은 주로 설문조사를 토대로 실시되었다. 자기 보고식의 체크리스트(check-list)와 비행 행동 및 피해에 대한 신고 형식의 두가지 유형 설문조사를 통해 학생들의 행동을 철저히 파악하고 지도하고 있다. 이러한 설문조사들을 통해 살펴 본 결과, 우선 징계 대상 학생들의 주된 문제 행동이었던 흡연이 매우 감소 하였으며, 또한 징계 대상 학생들의 집단 배회는 프로그램을 실시한 7월 이후 집단 배회가 거의 없어지고 학급 생활에 잘 참여하고 있다. 징계 대상 학생들이 변화하고, 적응력이 향상됨에 따라 학교 전체적으로 미치는 영향이 매우 큰데, 학교 전체적인 분위기가 건전한 생활태도를 갖게 되었고, 전체 학생들의 폭력, 도박, 금품갈취, 음란물이나 상습적인 파씨(PC)방 출입 등의 문제도 전년대비 1학기에 비해 70% 이상 감소하였다.

(4) 학부모 의견
학생과 학부모 교육 후에 문제점을 지적하기보다는 칭찬, 이해, 격려하는 지도 방법을 알게 되어 자녀와의 공감대가 형성되고 이해의 폭이 넓어지게 되었다. 설문 및 심리검사 등을 통하여 자녀의 기본적인 성격 유형을 이해하고 대처하는 방법들을 알게 되어 자녀에 대한 부모의 역할을 새롭게 인식 할 수 있었다.

(5) 학생 의견
부모님과 갈등이 생길 때에 의견 차이를 좁혀 솔직히 대화할 수 있게 되었으며, 선생님과 부모님을 대하는 것이 편안해 졌다. 자신이 조금씩 변화함에 따라 부모님도 관심을 갖고 자신을 대하는 것을 보며 성취감과 함께 의지력이 생겨났다.
또한 부모님들이 상담 및 교육을 함께 받은 후에 형제간 사이에서 차별이 적어지는 자들들에 대한 신뢰감이 형성되었다고 느낀다.
이러한 변화는 가정에서 뿐 아니라 학급에서도 볼 수 있다. 담임선생님과 생활지도부의 선생님들께서 이전의 문제이로 보던 시각에서 격려와 칭찬을 통해 자신들를 새롭게 바라봐 주시는 것을 느껴 매우 기쁘다. 또한 함께 프로그램에 참석하면서 학교 생활에 적응하고, 다른 친구구들를 새롭게 사귀고 싶은 마음이 생겼다.
학교 생활에서 오는 여러 가지 부담감도 많이 줄어들었으며, 즐거운 학교 생활을 할 수 있게 되었다.

(6) 상담자 의견
학생들이 의뢰되었던 초기에 비해 현재 대상 학생들의 학교생활 뿐 아니라 심리·정서적인 상태도 많이 향상됨을 알 수 있다. 이전보다 자기표현과 적극성에 있어서 큰 변화를 보이며 얼굴 표정도 많이 밝아졌다. 또한 학교 행사시에 적극적으로 참여하고, 담임 교사를 비롯한 선생님들과의 관계향상도 눈에 띈다.

나. 일반 학생 대상 프로그램의 결과

(1) 학교사회사업실 평가를 위한 설문(학생)
(가) 학교사회사업실 인지도

항 목	빈도(명)	백분율(%)
모른다	78	10.4
위치만 안다	74	9.8
이름과 위치를 안다	433	57.6
하는 일도 안다	167	22.2
합 계	752	100.0

(나) 학교사회사업실 도움 정도

항 목	빈도(명)	백분율(%)
전혀 도움 안됨	18	6.9
도움이 안됨	15	5.7
보통임	106	40.5
도움이 됨	99	37.8
매우 도움이 됨	24	9.2
합 계	262	100.0

(다) 학교사회사업실 존속 필요성 여부

항목	빈도(명)	백분율(%)
전혀 없어도 됨	17	2.5
없어도 괜찮다	48	7.1
보통이다	183	27.2
있으면 좋다	335	49.7
꼭 필요하다	91	13.5
계	674	100.0

(2) 학교사회사업실 평가를 위한 설문(교사)
(가) 학교사회사업실 이용 여부

		빈도(명)	백분율(%)			빈도(명)	백분율(%)
학생 의뢰경험	있다	18	60	프로그램 참여경험	있다	5	17
	없다	12	40		없다	25	83
공간 이용경험	있다	7	23				
	없다	23	77				
	계	30	100.0				

(나) 학교사회사업실이 학생지도에 도움이 된 정도

	빈도(명)	백분율(%)
전혀 도움 안됨	-	-
도움 안됨	-	-
보통이다	1	4.2
도움이 됨	14	58.3
매우 도움 됨	7	29.2
잘 모르겠다	2	8.3
계	24	100.0

(다) 학교사회사업실의 존속 필요성 인식도

항목	빈도(명)	백분율(%)
꼭 있어야 한다	11	37
있으면 좋다	18	58
보통이다	1	5
없어도 괜찮다	-	-
전혀 필요 없다	-	-
계	24	100.0

6. 결 론

가. 부적응 학생들의 학교생활 적응 능력 향상
학과사회사업실을 통해 다양한 집단 프로그램을 실시하고, 청소년센터와 연계한 적응 교육 프로그램, 부모 교육 및 가족 상담 등을 실시한 이후. 대상 학생들의 흡연, 음주, 무단 결석 등의 행동이 현저하게 감소되었으며, 자신의 변화에 대한 의지를 보이고 자신감과 성취감을 높일 수 있었다.

나. 예방교육의 효과
각종 캠페인, 상담 및 방향 제시, 문화 행사 등을 통해 학생들이 학교 활동에 동참하도록 유도하고 정서적으로 안정되어 즐거운 학교 생활의 동기를 높이게 되었다. 무엇보다 부적응 학생을 사전에 발견하여 징계목적이 아닌, 친밀한 관계를 통해 선도하는 계기가 될 수 있었다.

다. 학생과의 친밀한 관계 형성
소외학생이나 가정에서의 애정 결핍 등 정서적으로 어려움을 갖고 있는 학생들에게 격려를 주고 안식처의 역할을 함으로써 학교에 애착을 가지게 되었다.

라. 생활지도 방법의 다양화
학과사회사업실의 다양한 프로그램을 실시하는 외에 인성교육, 가치관 교육, 성교육, 학급별 테마학습 등을 통하여 정서교육에 힘썼으며, 정기적으로 가정 실태 조사, 학생 여가 생활, 가치 의식, 가족과 학교에 대한 인식 등의 설문 조사 결과를 분석·검토하여 생활지도부와 사회사업실이 상담하는 지도했다. 특히 생활지도부와 사회사업실의 연계 활동을 통한 통합적 지도는 학생 전체를 대상으로 진행하는 프로그램을 좀더 효과적이고 현실에 맞게 진행 할 수 있었다.

마. 학교-가정-지역사회와의 긴밀한 협조 조성
동사무소, 청소년 상담센터, 지역 경찰서 등 지역사회 기관과 연계사업을 실시하여 학교 내에서 활용 할 수 있는 자원의 폭을 넓혔으며 학생들에게 필요한 정보 및 자원을 제공할 수 있었다. 또한 가정 방문, 부모 교육 등 가정과의 협조를 통하여 학생지도에 더 높은 성과를 가져오게 되었다.
특히 학교 내에서의 협조 체계가 중요한데, 생활지도부 및 담임교사가 학과사회사업실에 정보를 제공하고 협조하여 지도한 결과, 실제적이고 꼭 필요한 프로그램을 진행 할 수 있었다.

7. 일반화의 가치
본 시범사업의 운영을 통해 여러 가지로 학교 현장에 적합한 프로그램을 개발 적용하였다. 집단프로그램자료를 활용하여 다른 학교에서도 이용가능하며, 주제 및 대상학생들에 따라 적절하게 적용, 변형이 가능하다.

8. 일반화의 유의점

가. 공간 및 전문 인력의 확보
본 시범사업을 진행하기 위해서는 사업 진행을 위한 일정한 크기의 공간과 학교에 상주하면서 사업을 수행할 전문인력을 배치하는 것이 필수적이다.

나. 학교 사회사업의 지속적 유지
본 사업의 그 효과성이 단기간에 나타나지 않기 때문에 본 사업을 통한 효과성을 검증하기 위해서는 보다 장기적인 계획과 접근 전략을 통한 노력이 이루어져야 할 것이다.

다. 실제적인 프로그램 실시에 필요한 여건 조성
학생들이 학교사회사업실에 대한 인식도가 높아지고, 자유롭게 이용하게 되기까지는 일정한 적용 기간이 필요하다.

라. 학교사회사업에 대한 인식 확대 및 협조 체제 유지
학생과 그를 둘러싼 모든 환경과의 관계를 조정하여, 관련된 모든 주체가 팀을 이루어 협력하는 것이 매우 필수적이다. 이를 돕는 데에 활용할 수 있는 지원이 절실히 요구된다. 이러한 홍보활동은 학교 내에서도 이루어져야 하며 긴밀한 협조체계를 이루기 위한 노력이 계속되어야 할 것이다.

9. 기타(건의사항)

생활지도 시범학교 운영의 경우, 1년 단위가 아닌 2~3년의 장기 운영이 무엇보다 중요하다. 이는 생활지도의 특성상 그 효과가 단번에 나타나지 않으며, 또한 새로운 분야의 전문가가 학교 현장에 적응하고 상호 협조 체계를 구축하기까지의 일정 기간이 필요하므로 좀더 효율적이고 효과적인 운영과 결과를 위해서는 장기적인 사업 실시가 필수적이라고 본다.

동 마 중 학 교

1. 주 제

학교 생활적응력 증진을 위한 학교사회사업 프로그램 개발 및 운영
- 교우관계 개선 프로그램과 학교·가정·지역사회 연계 사업을 중심으로-

2. 연구 문제

1. 학교에서의 사회사업 실행여건을 조성하고 정착시킨다.
2. 소외학생의 교우관계를 증진시킨다.
3. 가정 - 학교 - 지역사회를 연계한 학교사회사업 프로그램을 개발하고 적용한다.

3. 운영 결과

1) 소외학생들의 교우관계가 개선되었다.
2) 교우관계 개선을 통해서 이들의 학교생활 적응력(만족도)도 동시에 증진되었다
3) 운영의 대상 중 소외학생은 표적집단이자 클라이언트 집단이었고, 전교생은 일반집단으로 본 사업의 대상이었다. 그렇기 때문에 예방적 사업(예, 일반 집단 프로그램, 이벤트 활동 등)을 통한 전교생들의 학교생활 만족도 등도 동시에 증진되었다고 볼 수 있겠다.
4) 학생, 교사, 학부모 등 모든 설문 대상에서 "학교사회사업실이 도움이 되었다. 학교에 존속해야 한다 "등의 전 부분이 긍정적인 반응을 받았다.

약 150명의 교사(주로 생활지도부 교사)가 참석한 시범사업 평가보고회에서 참석자 대부분은 학교사회사업에 대한 실제적인 이해와 필요성을 인식하는 기회를 가졌다
2000년 1년 간의 운영 결과를 토대로 2001학년도에도 신규로 5개교를 지정하여 서울특별시교육청 생활지도 시범학교가 운영될 예정이다. 이러한 시범사업의 지속적인 운영은 안정적인 학교사회사업 실천의 초석이 될 것이다.

※ 2000년 서울시 교육청 생활지도 시범학교 운영사업의 사업개요 및 운영, 그리고 고등학교에 대한 평가는 본 학회의 뉴스레터 19호(2000년 10월호)를 참고하시기 바랍니다.

알 림

운영위원회 및 이사회 개최

본 학회 운영위원회 및 이사회를 다음과 같이 개최하오니 꼭 참석해 주시기 바랍니다.
◆ 일시 : 2000년 1월 15일 6:30p.m
◆ 장소 : 서울대학교 호암교수회관 lily room
◆ 안건 : ① 신년도 사업계획 건(연수 및 시범사업 등) / ② 기타

제4회 학교사회복지 연수 안내

1. 일 시 : 2001. 2. 19(월) - 2001. 2. 22(목)
   (09:00-17:00 4일간 총 32 시간)
2. 장 소 : 부천시 복사골문화센터 5층 세미나실 (1호선 송내역 하차)
3. 참가비 : 120,000원
4. 대 상 : 학교사회사업에 관심있는 사회복지학과 대학원생
5. 주 최 : 한국학교사회복지학회, 한국학교사회사업실천가협회 공동주최
6. 접 수 : 2001. 2. 10일까지 선착순 50명 마감
7. 문 의 : 한국학교사회사업실천가협회 간사 김달님
   cel ⇒ 011-297-4610
   e-mail ⇒ cybele1@hanmail.net
※ 자세한 접수방법과 일정은
   http://www.socialwelfare.co.kr를 참조하시기 바랍니다.

월례세미나 소식

♠ 2000년 1·2월 월례세미나
다수의 학회 회원님들이 방학인 관계로 1·2월 월례세미나는 개최하지 않습니다

회원가입 및 회비납부 안내

♠ 회원가입을 원하시는 분은 회원가입 신청서를 작성하시어 본 학회로 보내주신 뒤 다음의 우체국 구좌로 회비를 송금해 주시면 됩니다.

우체국 : 012542-02-096027
(예금주 : 조흥식)

학회관련문의

E-MAIL : nanana625@hanmail.net
전 화 : 032-340-3259
011-9040-4859(간사이혜진)

· 1997 · 1998 ·

한국학교사회사업학회年報

The Korean Society of School Social Work

발행일: 1998. 12 / 발행인: 김성이 / 편집인: 이상오 / 발행처: 한국학교사회사업학회 경기도 수원시 기타의연소 서북2000의 4 / 전화: (02)340-1268 / 팩스: (02)340-1480

학술대회

본 학회는 1997년 5월 23일 창립된 이래 지금까지 총 4회('97년 2회, '98년 2회)에 걸쳐 다음과 같이 학술대회를 개최하였다.

'97 춘계(제1회) 학술대회

- **주 제:** 학교복지와 사회복지의 과제
- **일 시:** 1997. 5. 23 (금) 1:00 p.m.
- **장 소:** 국회의원회관 대회의실
- **기조강연:** 강지원 부장검사 (서울고등검찰청)
- **발표자:** 김성이 (이화여대 사회사업학과), 홍금자 (전문대 사회복지학과)
- **토론자:** 박득식 (청소년특례예방개발팀), 오성숙 (방교초 학부모회), 홍순애 (서울여대 사회사업학과), 김혜래 (현대고등학교)
- **주 최:** 학교사회사업학회(가칭) 발기위원회
- **참석인원:** 100여명

'97 추계(제2회) 학술대회

- **주 제:** 위기의 청소년 어떻게 도울 것인가 학교사회사업제도로 필요성과 제도화 방안
- **일 시:** 1997. 11. 7 (금) 1:00 p.m.
- **장 소:** 국회의원회관 소회의실
- **기조강연:** Robert Constable (미국 Loyola 대학 명예교수)
- **발표자:** 이상오 (주성전문대 청소년문화과), 전재일 (대구대 사회복지학과), 오정수 (충남대 사회복지학과)
- **토론자:** 최옥채 (전주대 사회복지학과), 윤철수 (영등포여상), 오창순 (한남대 사회복지학과)
- **후 원:** 문화체육부, 보건복지부, 한국산업회, 동아일보사
- **참석인원:** 200여명

'98 춘계(제3회) 학술대회

- **주 제:** 교육개혁과 학생복지-학교사회사업의 실천방향
- **일 시:** 1998. 5. 22 (금) 1:00 p.m.
- **장 소:** 서울 YMCA 대강당
- **기조강연:** 문용린 교수 (서울대 교육심리학과)
- **발표자:** 김현숙(서울시립대 도시사회복지학과), 이상균(서울대 사회복지연구소), 정부영(가톨릭대 사회복지학과), 이희숙(한라종합사회복지관)
- **토론자:** 금명자(청소년대화의 광장), 임영택(성균관대 사회복지학과), 안인경(가양4종합사회복지관)
- **후 원:** 한국산업회, 한국사회복지연구개발, 청소년보호위원회
- **참석인원:** 170여명

'98 추계(제4회) 학술대회: 한국복지재단창립 50주년 기념 및 한국학교사회사업학회 제4회 국제공동학술대회

- **주 제:** 위기의 학교와 학교사회사업의 과제
- **일 시:** 1998. 10. 16 (금) 1:00 p.m.
- **장 소:** 한국프레스센터 국제회의장 (20층)
- **격려사:** 이회호여사
- **발표자:** Paula Allen - Meares (미시간대 사회사업대학원장), 최선화(홍콩아리랑스 가족서비스센터), 박종삼(숭실대 사회복지학과)
- **토론자:** 김혜란(서울대 사회복지학과), 조흥식(포항종합사회복지관), 최영갑(교육부)
- **주 최:** 한국복지재단과 공동 주최
- **참석인원:** 350여명

월 례 연 구
세 미 나
(집 담 회)
개 최

1997년 8월 29일 처음 시작한
본 학회 월례연구세미나(집담회)가
1998년 12월로 총 15회째를
맞이하였다.

2월과 7월의 방학기간을 제외하고
매월 계속된 월례연구세미나에는
매회 평균 20여명 내외의 회원들이
참석하여 학교사회사업에 관한
열띤 토론을 가져왔다.

1회 (8월)
- 주제 : 고등학생이 말하는 학교이야기
- 발표 : 종윤아 학생 (양재여고 1학년)
- 일시 : 1997. 8. 29
- 장소 : 대우재단 세미나실
- 참석자 : 18명

2회 (9월)
- 주제 : 일본번역판에서 한국 청소년에게
미치는 영향에 관한 소고
- 발표 : 정운성 교수 (인천교육대 사회교육학과)
- 일시 : 1997. 9. 30
- 장소 : 대우재단 세미나실
- 참석자 : 15명

3회 (10월)
- 주제 : 미국학교사회사업의 현황 :
학교사회사업실태를 다녀와서
- 발표 : 김기환 교수 (연세대학교 사회복지학과)
- 일시 : 1997. 10. 31
- 장소 : 대우재단 세미나실
- 참석자 : 23명

4회 (11월)
- 주제 : 청소년 학업중퇴:
원among과 사회복지적 대책
- 발표 : 박명순 교수 (순성명대학교 사회복지학과)
- 일시 : 1997. 11. 25
- 장소 : 대우재단 세미나실
- 참석자 : 10명

5회 (12월)
- 주제 : 학교사회사업가 활동의 실제
(서울시 교육청 연구사업을 중심으로)
- 발표 : 김영옥, 임진이 이상군 학교사회사업가
(서울시 교육청 산하 청소년상담센터)
- 일시 : 1997. 12. 29
- 장소 : 대우재단 세미나실
- 참석자 : 20명

6회 (2월)
- 주제 : 학교사회사업의 실제 -
학교사회사업가 활동의 실제
- 발표 : 윤철수 학교사회사업가 (성동포여상)
- 일시 : 1998. 2. 24
- 장소 : 대우재단 세미나실
- 참석자 : 29명

7회 (3월)
- 주제 : 일본 학교사회사업의 현황
- 발표 : 야마시타 야리자부로
(일본사회사업대학 교수)
- 일시 : 1998. 3. 23
- 장소 : 대우재단 세미나실
- 참석자 : 16명

8회 (4월)
- 주제 : 영국의 학교사회사업
- 발표 : 성민선 교수 (가톨릭대 사회복지학과)
- 일시 : 1998. 4. 27
- 장소 : 대우재단 세미나실
- 참석자 : 12명

9회 (5월)
- 주제 : 직업전문학교 사회사업
- 발표 : 문동석 사회복지사 (서울시립실제직업전문학교)
- 일시 : 1998. 5. 27
- 장소 : 대우재단 세미나실
- 참석자 : 12명

10회 (6월)
- 주제 : 태화기독교사회복지관에서 실시하고 있는
학교사회사업 프로그램 사례소개
- 발표 : 정상원 사회복지사 (태화기독교사회복지관)
- 일시 : 1998. 6. 29
- 장소 : 대우재단 세미나실
- 참석자 : 30명

11회 (8월)
- 주제 : 서울시립동부아동상담소에서 실시하고 있는
학교사회사업 프로그램 및 사례
- 발표 : 유소영 사회복지사 (서울시립동부아동상담소)
- 일시 : 1998. 8. 28
- 장소 : 대우재단 세미나실
- 참석자 : 25명

12회 (9월)
- 주제 : 부적응고 학교사회사업 시범 연구
- 발표 : 김인경 사회복지사
(부적응고 학교사회사업 시범연구가)
- 일시 : 1998. 9. 30
- 장소 : 대우재단 세미나실
- 참석자 : 30명

13회 (10월)
- 주제 : 서울시 교육청 청소년상담센터의 운영현황
- 발표 : 변미리(가칭)의 사회복지사
(서울시 교육청 청소년상담센터)
- 일시 : 1998. 10. 30
- 장소 : 대우재단 세미나실
- 참석자 : 14명

14회 (11월)
- 주제 : 대구 재명의상 시범학교사회사업 사례
- 발표 : 이성희 사회복지사
(개발연구원 복지사업담회) 겸 연구원)
- 일시 : 1998. 11. 16
- 장소 : 대우재단 세미나실
- 참석자 : 16명

뉴 스 레 터 발　간

본 학회는 1997년 10월부터 지금까지 격월간으로 총 8호의 뉴스레터를 발행하였다.

발간호	주요내용
제1회 (10월)	회장인사말, 학회활동내용, 운영위원회결과보고(1, 2, 3차), 학회 임원 및 회원소개.
제2호 (12월)	회장인사말, 제2회 학술대회관련기사, 월례집담회보고
제3호 (2월)	폰스터블교수 편지, 학교사회사업관련 Web Site 소개, 대통령 인수위원회에 학교사회사업 건의문 제출, 영국학교사회사업 현장 방문 기사.
제4호 (4월)	아마시타 아이자부로 편지, 책소개(학교를 거부하는 아이 아이를 거부하는 사회:조혜정)
	우리학교상담실은(영등포여상3학년 김나영)
제5호 (6월)	교육현장 학생복지에 눈 돌려야(문용린교수), 제3회 학술대회 관련기사, 제1회 국제학교사회사업대회안내
제6호 (8월)	학교사회사업의 작은 혁명(이옥식교장), 책소개(나쁜아이는 없다:김우룡, 강지원), 영화평(여고괴담)
제7호 (10월)	교육과 복지가 함께하는 학교(이희호여사), 제4회 학술대회 관련기사
제8호 (12월)	회장 연두언, 대학원생 연수안내, 서언;학교사회사업 첫걸음은 초등학생부터(전인애)

학 회 지 발 간

본 학회에서는 1998년 2월 월드비전(구 선명회)의 재정지원으로 「학교사회사업」창간호를 발간하였다. 제 2호는 1999년 2월 발간 예정.

창 간 호 (1998. 2)
○ 게재 논문 :
(1) 학교사회사업서비스 수혜욕구에 관한 연구 - 반안의, 김인정
(2) 지역관에서 학교사회사업가의 역할 - 유영준
(3) 학교폭력의 실정과 학교사회사업가의 개입 - 홍금지, 이경준
(4) 초등학생 행동의 합리성 증진을 위한 프로그램 개발에 관한 연구 - 정무성, 김선경, 윤대중
(5) 청소년 사회기술향상을 위한 집단사회사업 - 정상원
(6) 도시중등학교에서의 학교사회사업 모형연구 - 이성회, 이경은
(7) 학교부적응 청소년을 위한 학교사회사업 실천모델 연구 - 성만선, 이상오, 정무성, 장은
(8) 미국대학의 자원봉사제도 연구 - 성민선
○ 인쇄 부수 : 총 500부

총　회

창립총회
• 일 시 : 1997. 5. 23 (금) 5:30 p.m.
• 장 소 : 국회의원회관 대회의실
• 안 건 : 회장단 선출, 정관 통과 등

제 2회 총회
• 일 시 : 1997. 5. 22 (금) 5:30 p.m.
• 장 소 : 서울 YMCA대강당
• 안 건 : 1997년도 학회사업보고, 회계감사, 1998년도 사업계획 논의

이 사 회

1) 1998년도 상반기
일시 : 1998. 6. 22 (월) 12:00
장소 : 서울 YMCA 6층 지하실
안건 : 1997년도 학회사업보고, 회계감사, 1998년도 사업계획
(추계학술대회) 논의, 월례집담회 형성 월례연구세미나로 변경

2) 1998년도 하반기
일시 : 1998. 12. 10 (목) 19:00
장소 : 한국프레스센터 19층 기자클럽
안건 : 1998년도 하반 활동보고, 1999년도 춘계학술대회,
학교사회사업 연수, 및 차기 회장선임건에 대한 논의

운 영 위 원 회

1) 1차 운영위원회
일시 : 1997. 6. 11
장소 : 연세대학교 동문회관
안건 : ① 창립총회 및 학술대회 결과보고
② 1997년도 사업계획
③ 운영위원회 및 이사회 구성

2) 2차 운영위원회
일시 : 1997. 7. 7
장소 : 연세대학교 동문회관
안건 : ① 분과위원회 구성 및 분과별 사업계획
② 1997년도 사업계획 (학술대회 개최 확정, 학회지 발간,
월례집담회 개최, News Letter발간 등)
③ 학교사회사업 교과목 개설방안

3) 3차 운영위원회
일시 : 1997. 10. 13
장소 : 연세대학교 동문회관
참석자 : 성민선, 김기환, 정은, 정무성
안건 : ① 2차 학술대회 예산안
② 학술대회 순서지 확인
③ 학술대회 역할분담
④ 이사회비내용
⑤ 학회운영비 잔액보고
⑥ News Letter 발행
⑦ 집담회 일정

4) 4차 운영위원회
일시 : 1997. 10. 31
안건 : 제2회 학술대회 예산안 및 개최, 집담회 논의(굿모닝상 지원 신청)

5) 5차 운영위원회
일시 : 1997. 11. 25
장소 : 연세세브란스 빌딩
안건 : 결산보고, 비디오 테입 판매건, 팩스·전화 건

6) 6차 운영위원회
일시 : 1998. 3. 13
장소 : 진솔공원 (연대 앞)
참석자 : 성민선, 황창순, 김기환, 이승원
안건 : 제3회 학술대회에 관한 건, 기타 학회 관련 사항

7) 7차 운영위원회
일시 : 1998. 6. 29
장소 : 서울역 세브란스 빌딩 내 암촌
참석자 : 성민선, 김선희, 황창순, 정무성, 김기환, 김용석
안건 : ① 학회소위원회 구성및 활동
② 추계학술대회 주제 및 발표자, 토론자 선정
③ 총무위원회 감사선임 (김용석교수)
④ 제1회 국제학교사회사업대회 참석건
⑤ 월례연구세미나 운영화 방안
⑥ 학회지 2호 원고 모집

8) 8차 운영위원회
일시 : 1998. 11. 16
장소 : 서울역 세브란스 빌딩 내 암촌
참석자 : 성민선, 정무성, 김기환
안건 : ① 학교사회사업 실무 연수 개최
② 코스티협 교수에 변역 건
③ 학회지 원고 마감 및 심사
④ 학회발전에 대한 의견 교환
⑤ 대우재단 지원 신청
⑥ 99년도 학술대회 논의
⑦ 감사제 관련사항 논의

기 타 활 동

1. 보건복지부 장관 방문 : 1997. 6. 19
2. 청파대 사회복지학수에 예정 : 1997. 7. 14
3. 대통령 인수위원회에 학교사회사업 건의문 제출 : 1998. 2. 3.
4. 영국문화원 주관, 영국 학교사회사업 현장방문 : 1998. 2. 16~20.
5. 국회에 학교사회사업 추진 필도 요청 : 1998. 10. 22
6. 학교사회사업 컬로키움 (월례연구세미나) 지원 신청 : 1998. 11. 14
7. 청소년 보호법 개정안에 대한 의견 제시 : 1998. 12. 4
8. 부적응 청소년 대책 토론회 후원 : 1998. 12. 29

회 원 현 황

구 분 \ 연도	1997	1998
정회원	117	171
준회원	41	132
계	158	303

회 계

구 분 \ 연도	1997. 4~1998. 4	1998. 5~1998. 12
수입	16,519,904	24,903,731
지출	13,528,140	21,641,727
잔액	3,261,244	3,262,004

※ 본학회의 학술대회와 학회지 간행을 재정적으로 도와주신 기관:
문화체육부, 필드키친, 한국사회복지연구재단, 한국복지재단

저자 소개

지은이 **박경현**은 서울대학교 사범대학 영어교육학과 졸업 후 13년 동안 중학교에서 영어교사로 일했다. 마흔 살 무렵 교직을 그만두고 서울여자대학교에서 사회복지를 공부하여 사회복지사가 되었다. 4년간 중학교에서 계약직 학교사회복지사로 일했으며, 이후 한국학교사회복지사협회 회장으로 교육부 · 복지부 연구학교 공동사업 등을 위탁받아 운영했다. 가르침과 배움, 누림과 돌봄이 서로 엮이어 모든 아이가 존중받는 사회를 꿈꾸며 샘교육복지연구소를 이끌고 있다. 『학교로 간 사회복지사』(공저, 공동체, 2017), 『학교사회복지의 이론과 실제』(공저, 학지사, 2009), 『래디컬 헬프』(공역, 착한책가게, 2020) 등의 저서와 역서가 있다.

학교사회복지 마중물 ①
한국 학교사회복지의 장을 개척한 10인의 이야기

2022년 3월 25일 1판 1쇄 인쇄
2022년 3월 30일 1판 1쇄 발행

지은이 • 박경현

펴낸이 • 김진환

펴낸곳 • ㈜ 학지사

04031 서울특별시 마포구 양화로 15길 20 마인드월드빌딩

대표전화 • 02-330-5114   팩스 • 02-324-2345

등록번호 • 제313-2006-000265호

홈페이지 • http://www.hakjisa.co.kr

페이스북 • https://www.facebook.com/hakjisabook

ISBN 978-89-997-2627-9 03330

정가 13,000원

출판 · 교육 · 미디어기업 학지사

간호보건의학출판 **학지사메디컬** www.hakjisamd.co.kr

심리검사연구소 **인싸이트** www.inpsyt.co.kr

학술논문서비스 **뉴논문** www.newnonmun.com

교육연수원 **카운피아** www.counpia.com